JN083227

意外とわかっていない人のための

人事・労務の超基本

Basics of Human Resources and Labor Relations

超基本

社会保険労務士
北村庄吾

かんき出版

—— はじめに ——

現場責任者の悲鳴が毎日聞こえてきます

「新入社員が、1か月で会社に来なくなりました」（人事課長）

「営業課長がパワハラをやらかし、部下がメンタル不調に」（総務部長）

「有給休暇を5日も取らせていたら、仕事にならない」（中間管理職）

「退職代行会社を使ってまた社員が辞めました。最後ぐらい、挨拶してほしかった」（中小企業経営者）

　こうした相談ごとが、毎日のように寄せられてきます。相談件数はこの5年で3倍以上に。人事・労務のコンサルティングに30年近く携わってきた私から見ても"緊急事態"と感じます。

働き方改革を中心とする法改正が待ったなしです

　相談ごとが増えた理由の一つに、たび重なる法改正があります。人事・労務の専門家である社労士でも、ついていけないほどです。改正の裏には、政府の意向が見え隠れします。「労働分野では後進国」と言われ続けた状況を変えようと、本気で取り組んでいる証でしょう。

　さらに背景をたどると、SDGs（エス・ディー・ジーズ）に行き着きます。「持続可能な開発目標」と訳されるこのSDGsは、2015年9月の国連サミットで採択されました。17の目標を掲げていますが、その8番目のテーマが、「労働」。SDGsは、「働きがいのある人間らしい仕事の実現」を推し進めようとしています。

　政府も国際社会も本気です。働き方改革を中心とする法改正が続くかげには、大きな潮流があるのです。

理想と現実にどう折り合いをつけますか

　とはいえ、です。こうした理想主義は、2020年から始まったコロナ禍という現実の前に、立ち往生しています。赤字に転落した企業では働

き方改革どころではないでしょう。賞与をカットしたり、退職金制度に手を付けたり、社員を配置転換・出向させる会社も増えているようです。

　さらに「テレワーク」が、企業経営を揺るがせています。部下をどのように管理すればいいのか、途方に暮れる経営者・管理職の恨み節が、そこかしこから聞こえてきます。

　現実は想定外の方向に動いていますが、改革は待ってくれません。長時間労働を減らすための残業規制や、正社員等とパート社員等との「同一労働・同一賃金」の導入など、新たな課題が押し寄せてきます。

人事・労務を体系的に学べる本を目指しました

　理想と現実のはざまで立ち往生する現場責任者のみなさんのために、本書を書きました。いまは、どの分野でトラブルが起こるかわかりません。モグラ叩きのように個別対応していたら、身が持ちません。

　あらゆる課題に対して、毅然とした姿勢と思考で立ち向かうために、人事・労務のベースとなる知識を全体像とともにつかんでいただきたい、と考えました。

　きっと、日々の課題に対する着眼点が得られ、解決策を導き出せるはずです。

　こうした狙いから、本書は、採用から退職までの流れにのっとり構成しました。人事・労務の「超基本」と言っていい知識を、網羅的に取りそろえました。最新の法改正などもできる限り盛り込んでいます。

★「この会社で働いて良かった」と言われるために！

　これは、先輩社労士から教えてもらったキャッチフレーズです。労務トラブルが起こる会社とは、真逆ですね。

　本書が、「この会社で働いて良かった」と思ってもらえる会社づくりの一助になれば幸いです。

　2021年4月　　　　　　　　　　　社会保険労務士　北村　庄吾

※本書は2024年4月1日現在の法令と情報に基づいています。

この本は、人事・労務に関する

①
ルールを守らない
社員に対して
どう対処すべきか
悩んでいる

➡ 82、160、162、164、
166、168、170、
172、182、186、194
ページ

②
残業代の払い方が
おかしいのでは、
と社員から指摘
されて当惑している

➡ 112、114、116、118
ページ

③
自分の会社の
有給休暇の与え方が
法律上問題ないか
知りたい

➡ 136、138、140、
142、145、147
ページ

④
トラブルばかり
起こす社員を
辞めさせることが
できるのか知りたい

➡ 30、82、149、194、
196、199ページ

⑤
休職を求める社員
が続出しているが、
どのように
対応すべきか
わからない

➡ 149、151、153、155
ページ

⑥
業績が悪化したので
退職金制度を
やめたいが
法律上問題が
あるのか確認したい

➡ 66、128ページ

さまざまな悩みを解決します!

⑦

テレワークの社員
からさまざまな
要望が寄せられ
て、困惑している

➡ 95、106ページ

⑧

「自由な働き方を
したい」という
社員の要望に応える
制度を検討している

➡ 90、92、95、99、101
ページ

⑨

専門職には
残業代を
払わなくてもいい、
と聞いたので、
その仕組みを
作りたい

➡ 99、101ページ

⑩

パートと正社員の
待遇を同じに
したいが
どうすればいいのか
学びたい

➡ 44、46、49、122、
124ページ

⑪

部下が副業したい
と言ってきたら
すぐ対応できる
ように準備したい

➡ 172、174ページ

⑫

定年退職間近な
社員のために
再雇用制度を
用意したい

➡ 136、212ページ

本書のトリセツ（使い方）

ダイアローグ　各章の冒頭に掲載。総務部の新人女性と、顧問になりたての社会保険労務士（著者）の掛け合いを通じて、その章で取り上げるテーマを紹介していきます。

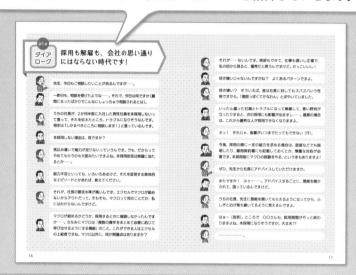

項目タイトル　本書は全80項目で構成されています。項目番号の上には［募集・採用］など、人事・労務上のキーワードを入れてタグ付けしました。

注意点　人事・労務担当者が間違いやすいポイントについて、事細かに解説します。

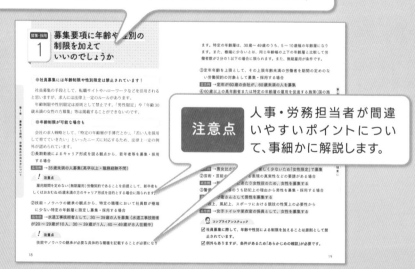

用語解説

人事・労務の分野で知っておきたい専門用語について、法的な根拠や効力に触れつつ解説します。

実務の知恵

労使どちらにも軍配が上がりそうなケースで、会社が打つべき手（対応策）を紹介します。

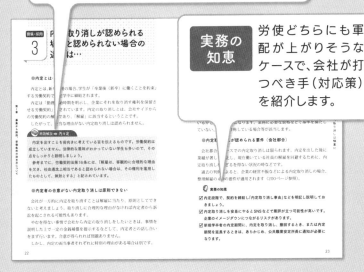

図解

ポイントをわかりやすく伝えるために、図表やフローチャートを多数掲載しました。

コンプライアンスチェック

コンプライアンス（法令遵守）の視点から、「ここでつまずくと、足をすくわれる」ポイントを詳しくお伝えします。

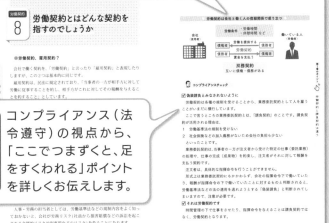

規定例 労務トラブル解決の決め手となるのが、就業規則などに明確な規定があるかどうか。＜規定例＞では、具体的な文例を示します。

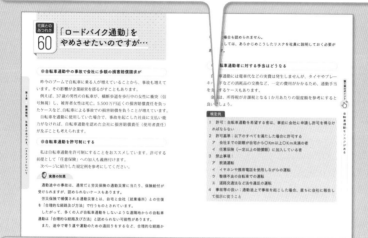

社員とのあつれき 60

「ロードバイク通勤」をやめさせたいのですが…

●自転車通勤中の事故で会社に多額の損害賠償請求が

昨今のブームで自転車に乗る人が増えていることから、事故も増えています。その影響が企業経営を揺るがすこともあります。

例えば、37歳の男性の自転車が、横断歩道を歩行中の女性に衝突（信号無視）し、被害者女性は死亡。5,500万円近くの損害賠償責任を負ったケースなど、自転車による事故での損害賠償を負うことが増えています。

自転車を通勤に使用していた場合で、事故を起こした社員に支払い能力がなければ、自転車通勤を認めた会社に損害賠償責任（使用者責任）が及ぶことも考えられます。

●自転車通勤を許可制にする

私は自転車通勤を許可制にすることをおススメしています。許可する前提として「任意保険」への加入も義務付けます。

次ページに紹介した規定例を参考にしてください。

実務の知恵

通勤途中の事故は、通常だと労災保険の通勤災害に当たり、保険給付が受けられますが、認められないケースもあります。

労災保険で補償される通勤災害とは、自宅と会社（就業場所）との往復を「合理的な経路及び方法」で行うものとされています。

したがって、多くの人が自転車通勤をしないような遠隔地からの自転車通勤は「合理的な経路及び方法」と認められない可能性があります。

また、途中で寄り道や運動のための遠回りをするなど、合理的な経路か

…場合も認められません。

…しては、あらかじめこうしたリスクを社員に説明しておく必要があ…す。

●…転車通勤者に対する手当はどうなる

自…車通勤には電車代などの実費は発生しませんが、タイヤやブレーキパ…ドなどの消耗品の交換など、一定の費用がかかるため、通勤手当を支…するケースもあります。

金…は、所得税が非課税となる1か月あたりの限度額を参考にすると良い…しょう。

規定例

1　許可：自転車通勤を希望する者は、事前に会社に申請し許可を得なければならない

2　許可基準：以下のすべてを満たした場合に許可する

ア　会社までの距離が自宅から○Km以上○Km未満の者

イ　任意保険（一定以上の賠償額）に加入している者

3　禁止事項：

ア　飲酒運転

イ　イヤホンや携帯電話を使用しながらの運転

ウ　整備不良の自転車での運転

エ　道路交通法など法令違反の運転

4　事故等の扱い：通勤途上で事故を起こした場合、直ちに会社に報告して指示に従うこと

事例研究 ＜事例研究＞には、2つのパターンがあります。①実務上ありそうな具体例。②裁判例。どちらのパターンも、一歩踏み込んで労務トラブル解決のツボを解説します。

著者からひと言 「同一労働・同一賃金」「残業規制」「休職制度」など、社会的に関心が高い課題について、著者独自の考えを披露しています。

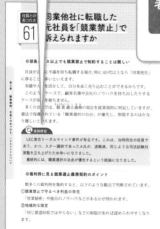

社員とのあつれき 61

…同業他社に転職した…元社員を「競業禁止」で…訴えられますか

●部長…ス以上でも競業禁止で制約することは難しい

社員が会…に不満を持ち転職する場合、特に40代以上なら「同業他社」に移ること…多いといえます。

実績や人…を活かして、自分を高く売り込むことができるからです。

このよう…ケースで、顧客名簿や会社のノウハウを持ち出したりするケースがあ…を絶ちません。

多くの会…では、競業避止義務の規定を就業規則に明記していますが、憲法で保護されている「職業選択の自由」が優先し、制限するのはかなり難しいと…えます。

事例研究

LEC東京リーガルマインド事件が有名です。これは、当時同社の役員であり、かつ、スター講師であったA氏が、退職後、同じような司法試験対策塾を立ち上げたため争いになりました。

最終的には、職業選択の自由が優先するという結論になりました。

●裁判例に見る競業避止義務契約のポイント

数多くの裁判例を集約すると、以下のような観点で判断されています。

①競業禁止で守るべき利益の存在

「営業秘密」や独自のノウハウなどがあるかが問われます。

②地域的な限定

「同じ都道府県ではやらない」などの制限があれば認められやすくなります。

170

競業避止義…との対価として退職金が上乗せされているなどです。

いずれにして…競業禁止は非常に難しいので、機密情報等の流失のリスクに備える…が現実的かと思います。

著者からひと言

「不正競争防止法」を、リスクを防ぐ切り札として活用しましょう。

不正競争防止法とは、会社が競合他社や個人に対して、不正な手段による競争の差し止めや損害賠償請求ができるような仕組みを作っている法律です。この法律を活用して、営業秘密（顧客情報や技術的なノウハウ等）を守ることが重要になります。

営業秘密として保護されるためには、以下の3つの要件をすべて満たす必要があります。

①**秘密管理性**…秘密として管理されていること。「社外秘」やファイル名に「秘密性がわかる記号」等を付けて、社員に秘密のものとして管理していることを周知し、社員もそのことを認識している必要があります。

②**有用性**…実際に利用されているかにかかわらず、有益な情報であること。

③**非公知性**…公然に知られていないこと。

例えば、文書管理のソフトウェアで、明確に秘密文書とわかるような仕組みを設けたうえで、パスワード設定や、アクセス制限をするなどＩＴも活用して営業秘密の保護に努めましょう。

171

第1章 募集から採用、労働条件の決め方について

第 2 章 会社で働くための
ルールについて

第3章 賃金、賞与、退職金について

第4章 休暇と休職・復職について

第5章 服務規程、社員とのあつれき、ハラスメントについて

第6章 社員の退職、解雇、契約終了について

カバーデザイン　　　　井上新八
本文デザイン・DTP　　三枝未央
カバー・本文イラスト　河田邦広

第1章

募集から採用、労働条件の決め方について

採用も解雇も、会社の思い通りにはならない時代です！

先生、今日もご相談したいことがあるんですが……。

一昨日も、相談を受けたような……。それで、今日は何ですか（顧問になったばかりでこんなにしょっちゅう相談されるとは）。

うちの社長が、2か月半前に入社した男性社員を本採用しないって言って、それを伝えたところ、トラブルになりそうなんです。相手は『しかるべきところに相談します！』と言っているんです。

本採用しない理由は、何ですか？

見込み違いで能力が足りないっていうんです。でも、だからってやめてもらうのも大変みたいですよね。本採用拒否は解雇に当たるとか……。

能力不足といっても、いろいろあるけど、それを証明する具体的なエピソードとかあれば、教えてください。

それが、社長の要求水準が高いんです。エクセルでマクロが組めないからアウトだって。そもそも、マクロって何のことだか、私にはわからないんですけど。

マクロが組めるかどうか、採用するときに確認しなかったんですか……。ちなみにマクロは「複数の操作をまとめて必要に応じて呼び出せるようにする機能」のこと。これができる人はエクセルの上級者ですね。マクロ以外に、何か問題点はありますか？

それが……ないんです。挨拶もできて、仕事も速いし正確で、私の目から見ると、優秀だと思うんですけど。かっこいいし！

好き嫌いじゃないんですかね？　よくあるパターンですよ。

好き嫌い？　そういえば、彼は社長に対してもズバズバいう性格ですから。「理屈っぽくてかなわん」とぼやいていました。

いったん雇った社員とトラブルになって解雇して、悪い評判が立ったりすると、次の採用にも影響が出ますし……。最悪の場合は、これから優秀な人が採用できなくなりますよ。

えっ！　それじゃ、後輩がいつまでたってもできない（汗）。

今後、採用の際に一定の能力を求める場合は、面接などでも説明したり、雇用契約書にも記載しておくとか、慎重な対応が必要です。本採用前にマクロの試験をやる、という手もありますよ！

ぜひ、先生から社長にアドバイスしていただけますか。

またですか！　ふぅー……。アドバイスするごとに愚痴を聞かされて、困っているんですけど。

うちの社長、先生に愚痴を聞いてもらえるようになってから、ふしぎと心が落ち着いてるように見えるんですよ。

はぁー（苦笑）。ところで　〇〇さんも、試用期間がやっと終わりますよね。本採用になりそうですか。大丈夫!?

………………。

1 募集要項に年齢や性別の制限を加えていいのでしょうか

●社員募集には年齢制限や性別限定は禁止されています！

社員募集の手段として、転職サイトやハローワークなどを活用されると思いますが、求人には法律上一定のルールがあります。

年齢制限や性別限定は原則として禁止です。「男性限定」や「年齢30歳未満の女性の方募集」等は掲載することができないのです。

●年齢制限が可能な場合も

会社の求人戦略として、「特定の年齢層が手薄だ」とか、「若い人を採用して育てていきたい」といったニーズに対応するため、法律上一定の例外が認められています。

①長期勤続によるキャリア形成を図る観点から、若年者等を募集・採用する場合

広告例 →35歳未満の人募集（高卒以上・職務経験不問）

！ 注意点

雇用期間を定めない（無期雇用）労働契約であることを前提として、新卒者もしくはおおむね45歳未満の方のキャリア形成を目的とする場合に限られます。

②技能・ノウハウの継承の観点から、特定の職種において社員数が極端に少ない特定の年齢層に限定し募集・採用する場合

広告例 →水道工事技術者として、30〜39歳の人を募集（水道工事技術者が20〜29歳が10人、30〜39歳が1人、40〜49歳が8人在籍中）

！ 注意点

技能やノウハウの継承が必要な具体的な職種を記載することが必要になり

ます。特定の年齢層は、30歳〜49歳のうち、5〜10歳幅の年齢層になります。また、極端に少ないとは、同じ年齢幅の上下の年齢層と比較して労働者数が2分の1以下の場合に限られます。また、無期雇用が条件です。

③定年年齢を上限として、その上限年齢未満の労働者を期間の定めのない労働契約の対象として募集・採用する場合

`広告例` →定年が60歳の会社が、60歳未満の人を募集

④60歳以上の高年齢者または特定の年齢層の雇用を促進する施策（国の施策を活用する場合に限る）の対象となる者に限定して募集・採用する場合

`広告例` →60歳以上の人を募集

⑤芸術・芸能の分野における表現の真実性などの要請がある場合

`広告例` →演劇等の役作りのため○○歳以下の人を募集

●性別限定で募集が可能なケース

男女格差が現実に生じているケースで、格差解消を目指す場合です。ポジティブアクションと言われています。

①男女の比率が均等でない職場を改善するため、女性を募集・採用する場合

`広告例` →男女比が9：1と女性が著しく少ないため「女性限定」で募集

②芸術・芸能の分野における表現の真実性などの要請がある場合

`広告例` →映画の製作にあたり女性役のため、女性を募集する

③警備員、守衛等のうち防犯上の理由から男性を募集・採用する場合

`広告例` →守衛さんとして男性を募集する

④宗教上、風紀上、スポーツにおける競技の性質上の必要性から

`広告例` →女子トイレや更衣室の係員として、女性を募集する

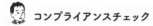 コンプライアンスチェック

☑ 社員募集に際して、年齢や性別による制限を加えることは原則として禁止されています。

☑ 例外もありますが、条件があるため「あらかじめの確認」が必要です。

入社志望者の思想・信条に どこまで踏み込めますか

●採用するかどうかは、会社の自由

「採用に成功している会社はない」といってもいいほど、採用は難しい問題です。いったん採用すると辞めてもらうこと（解雇）も難しく、トラブルにもなることも多いため、慎重に進めたいところです。

そこで、会社としては応募してきた人に対して、多くの情報を集め判断しようとします。もちろん、能力が大切な要素になりますが、会社も人が集まるコミュニティですから、できれば「良い人」を採用したいと考えるのは当然です。

ここでいう、「良い人」とは、会社によっても異なりますが、周囲の人を気遣い、コミュニケーションが取れる、性格が明るいなどさまざまです。

採用を拒否する理由として過去に大きな問題となったのが、「思想や信条」です。宗教や政治的な信念などがこれに当たります。

●企業側に採用の自由を認めた有名な最高裁判例（三菱樹脂事件判決）

今ではあまりにも有名な裁判例となりました。

この裁判では、「企業者が特定の思想・信条を有する者をそのゆえをもって雇い入れることを拒んでも、それを当然に違法とすることはできない」として、採用の自由を認めています。

では、応募してきた人に対して、「どんな宗教を信じていますか？」、「支持政党はありますか？」等を調査していいのかというと、問題があります（24〜25ページの〈コンプライアンスチェック〉参照）。

現にこの裁判の控訴審では「採用選考において政治的思想、信条に関係のある事項について申告を求めることは公序良俗に反して許されず、秘匿による不利益を労働者に課すことはできない」とした判決も出てい

ます。

 コンプライアンスチェック

☑ **差別的な取扱いは禁止**

　雇い入れ後に労働者の国籍・信条・社会的身分を理由とした労働条件の
　差別的取扱いをすることは禁止されています。

●能力を重視し、能力要件をしっかりと説明し書面に残すこと

　多くの会社での失敗例として「期待していたスキルがなかった」とい
う能力不足によるミスマッチがあります。新卒採用の場合は、能力があ
るかどうかの判断が難しいといえますが、中途採用においても失敗して
いる会社が多いのが事実です。

　たとえば、「ワードやエクセルが使えますか」とか、「エクセルではマク
ロが組めますか」といったことを面接で聞いたとしても、実際にはで
きなかったというような例です。

　解決策としては、次のようなことが考えられます。

 実務の知恵

1　能力を求めるのであれば、要求する能力を具体的に伝える。できれば
　書面で
2　実際に、ワードやエクセルを操作してもらうなど、能力を確認する。
　もしくは、その能力に関する物差し（民間の技術検定や国家資格など）に
　より判断する
3　採用試験の問題に、必要な能力が確認できる問題を加える
　といった方策を徹底して行う必要があります。

　中小企業においては、「人が欲しい！」という思いが先行し、とりあえ
ず採用しようとする会社が多いのが現実です。書面で伝える、書面で確
認するという点も重要です。解雇でもめて裁判になると書面審理が中心
となるため、証拠を残すことを心がけましょう。

第1章のポイント　能力で採用する際は具体的に書面で伝える

3 内定取り消しが認められる場合と認められない場合の違いは…

●内定とは…

内定とは、新卒採用の場合、学生が「卒業後（新卒）に働くことを約束」する労働契約で、在学中に締結されます。

内定は「勤務開始時期を明示し、企業にそれを取り消す権利を保留させる労働契約」とされています。内定の取り消しとは、会社サイドからの労働契約の解消であり、「解雇」に該当するということです。

したがって、正当な理由がない内定取り消しは認められません。

用語解説 ➡ 内々定

内定を出すことを前向きに考えている旨を伝えるものです。労働契約は成立していません。法律的な意味がわかっていない学生も多いので、その点をしっかりと説明しましょう。

参考までに、労働契約法第16条には、「解雇は、客観的に合理的な理由を欠き、社会通念上相当であると認められない場合は、その権利を濫用したものとして、無効とする」と記されています。

●内定者の合意がない内定取り消しは原則できない

会社が一方的に内定を取り消すことは解雇に当たり、原則としてできないと考えましょう。取り消しに合理的な理由がなければ内定者から訴訟を起こされる可能性もあります。

やむを得ない事情で会社から内定の取り消しをしたいときは、事情を説明した上で一定の金銭補償を提示するなどして、内定者との話し合いをまず行います。合意が得られれば問題ありません。

しかし、内定の両当事者それぞれに特別の理由がある場合は別です。

●内定取り消しが認められる要件（内定者都合）

内定者都合による内定取り消しが認められるケースは次の通りです。

①大学卒業が成立しなかった場合

新卒の内定では、卒業することが前提です。卒業できなければ就職することはできませんので、多くの場合は内定を取り消すことも可能です。

②病気やケガで就職が困難になった場合

内定後に内定者が病気やケガをして働けなくなった場合は内定取り消しも可能です。働くことが困難なほどの病気やケガの場合に限られます。

③重大な経歴詐称

内定者が経歴に関して重大な嘘をついていた場合も内定取り消しは可能です。ただし、その嘘が、内定を出すのに際して大きな比重を占めているかどうかが問題になります。業務に必要な資格などで基準を満たしていない、学歴を詐称している場合等が該当します。

●内定取り消しが認められる要件（会社都合）

会社都合のケースでの内定取り消しは限られます。内定を出した後に業績が著しく悪化し、現在働いている社員の解雇を回避するために、内定取り消しをせざるを得ない状況のときなどです。

過去の判例によると、企業の経営不振などによる内定取り消しの場合、整理解雇の4つの要件が適用されます（200ページ参照）。

（200ページ参照）

🙋 実務の知恵

- ☑ 内定段階で、契約を締結し「内定取り消し事由」などを明記し説明しておきましょう。
- ☑ 内定取り消しを安易にやるとSNSなどで悪評が立つ可能性が高いです。企業のイメージダウンにつながるリスクがあります。
- ☑ 新規学卒者の内定期間に、内定を取り消し、撤回するとき、または内定期間を延長するときは、あらかじめ、公共職業安定所長に通知が必要になります。

4 採用選考で、家族構成や健康状態をどこまで聞けますか

●採用選考の際の注意点

　採用選考に当たっては、「応募者の基本的人権を尊重すること」、「応募者の適性・能力のみを基準として行うこと」の２点を基本的な考え方として実施するように厚生労働省から指針が出ています。

　指針ですから、多くの場合は法律違反とはなりませんが、近年は会社の評判がネット上に拡散されるリスクが大きくなり、注意したいところです。

 コンプライアンスチェック

　採用選考時に差別につながるおそれがある事項をいくつか挙げておきます。

1　本人に責任のない事項の把握

☑ 本籍・出生地に関すること
　→「戸籍謄（抄）本」や「住民票（写し）」を提出させる

☑ 家族に関すること（職業、続柄、健康、病歴、地位、学歴、資産など）
　→家族の仕事の有無・職種・勤務先などや家族構成を確認する

☑ 住宅状況に関すること（間取り、部屋数、住宅の種類、近郊の施設など）

☑ 生活環境・家庭環境などに関すること

2　採用選考の方法

☑ 身元調査などの実施
　→「現住所の略図の提出」も身元調査につながる可能性があるため避けましょう。

☑ 合理的・客観的に必要性が認められない採用選考時の健康診断の実施

3　本来自由であるべき事項（思想信条にかかわること）の把握

☑ 宗教に関すること

☑ 支持政党に関すること

☑ 人生観、生活信条に関すること

☑ 尊敬する人物に関すること

☑ 思想に関すること

☑ 労働組合に関する情報（加入状況や活動歴など）、学生運動など社会運動に関すること

☑ 購読新聞・雑誌・愛読書などに関すること

🙂 実務の知恵

☑ タクシー・バスの運転手の場合など、一瞬のスキが重大な事故につながる職種の場合、てんかんや睡眠時無呼吸症候群の有無を確認しておくのはむしろ会社側の責任ともいえます。

☑ 健康診断に関しては、業務上の必要性があれば可能と考えられます。同様に、面接の時点で業務に必要な範囲での健康状態を把握することも問題ありません。

☑ 面接マニュアルを整備しておくことが必要です。聞いてはいけないことなどの禁止事項も明記するようにしましょう。

📖 用語解説 ➡ 運転記録証明書

　ドライバーの保有する運転免許に対して1年前、3年前、5年前にさかのぼり、交通違反や事故による行政処分の履歴を証明してくれる公的な書類です。

　近年自動車による悲惨な事件が多くなっています。自動車運転を伴う業務では、採用時点はもちろん、採用後も定期的な運転記録証明書の取得は必須ともいえます。運送会社がドライバーを採用する際には事故歴の確認が義務化されています。

　運送業務以外の人に、会社がこの書類を提出させるには、「運転記録が社員の個人情報に当たる」ため、強制的に開示させることはできないことも確認しておきましょう。

5 身元保証人を 立ててもらう際の注意点を 教えてください

●身元保証契約を改めて見直す動きが？

　飲食店やコンビニ店のアルバイトが、食材などで悪ふざけをする動画を交流サイト（SNS）に投稿し、拡散された結果、企業が謝罪に追い込まれるといったトラブルが後を絶ちません。

　そのようなアルバイトの悪ふざけが、売り上げの減少・イメージの低下など、企業にさまざまな損害を及ぼすことがあり……。そこで、改めて見直されているのが、身元保証契約です。アルバイトには賠償能力がなくても、保証人に賠償責任を負担してもらえるからです。

　身元保証契約とは、社員やパート社員・アルバイトを採用する際に、会社と社員等の身元保証人との間で締結する契約です。社員等の行為によって会社に損害が生じた場合に、身元保証人に賠償することを保証してもらうことを目的とします。

●身元保証人の責任の範囲を明確にする改正が…

　2020年3月まで、身元保証人は特に取り決めがなければ、無限に損害を補償することになっていました。これでは、怖くて身元保証人のなり手がいません。

　そこで、2020年4月以降に会社が身元保証契約を締結するときは、身元保証人に対して請求できる損害賠償の上限額（極度額といいます）を定めなければならなくなりました。

　極度額の定めがない身元保証契約は契約自体が無効となります。

●身元保証契約の期間

　身元保証の期間は、期間の定めがない場合は3年、期間を定めた場合

でも5年を超えることはできません。保証期間を更新することはできますが、自動更新の定めは無効となりますので、再度、身元保証契約を結ばない限り最長5年で効力がなくなります。

 実務の知恵

更新規定は要注意です。身元保証契約を締結している会社の多くが更新規定を設けていますが、その管理がルーズになっています。自動更新はできないので、高卒は5年、大卒は3年という期間で終了とするのがいいでしょう。

 コンプライアンスチェック

☑ **身元保証人への通知**

身元保証契約は、会社に通知義務などが生じます。会社がこの通知義務を怠っていると、身元保証人の責任を軽減し、あるいは責任を求めることができなくなります。具体的には、以下のような場合です。

1　社員が業務上において、不適正、不誠実な行いをしたことにより、身元保証人に責任が生ずるおそれがある場合

たとえば、私的な飲食代を交際費として請求したことが発覚し、初回であるため、軽い「訓戒処分」とした、というケースでは、通知義務が生じます。なぜなら、身元保証人とすれば、「今回は、責任は生じなかったが、今後は、問題を引き起こすおそれがあるので保証人をやめたい」と考えることもあるからです。

2　社員の仕事の内容や勤務地を変更したことで、身元保証人の責任が重くなった場合

6 試用期間中の労働条件は どのように決めれば いいのでしょうか

●試用期間の意味

人事労務の実務で誤解が多いものの一つが、試用期間です。

「試用期間経過後に思ったような人物ではなかったので本採用はしない！」というように安易に考えている経営者が多く、トラブルに発展しています。経営者の多くは、試用期間が一つの期間契約で、本採用で新しく契約が始まると勘違いをしているのです。

これは、試用期間に関して法律上の規定がないことも原因と考えられます。しかし、本採用拒否は「解雇」に当たり、正当な理由がなければ解雇無効の裁判に発展する可能性もあります。

●試用期間の法律的な意味

試用期間を設けた採用では、採用時点で労働契約は成立しています。ただし、会社側が労働契約を解除できる権利を保有している状態とされています。専門的には、「解約権留保付の労働契約」といいます。

難しいですね。一般の解雇よりも解雇に至る正当な理由が認められる範囲が広いと考えられているということです。

●試用期間中の労働条件

試用期間中の給与や待遇、勤務時間などの労働条件は自由に設定できます。見極めの期間ですから一般的には本採用時と給与や待遇の差をつけるケースが多いでしょう。

もちろん、本採用時と全く同じ条件にすることも可能です。

●試用期間の長さ・上限について法律の定めはない

試用期間の長さは、就業規則などで定められていれば、その期間になります。上限を制限する法律はありません。しかし、その期間は客観的に見て相当な（合理的だといえる）期間でなければならず、実際には業種や職種にもよります。正社員の試用期間は3か月程度が一般的です。過去には1年以上の試用期間が違法であると判断されたことがあります。

●試用期間の延長は？

試用期間は不安定な立場で働くことになるため、その延長に関しても会社の都合で簡単にできないものとされています。

次の条件がそろった場合に限られると考えてください。

①試用期間延長についてあらかじめ就業規則、または労働契約書に記載があること

②延長する正当な理由があること→病気やケガで入院した等

③本人の合意があること

④当初の試用期間から数えて1年以内かつ1回のみであること

 コンプライアンスチェック

☑ 裏技としての有期契約

試用期間経過後の本採用拒否はハードルが高いので、期間契約を最初に結ぶケースもあります。たとえば、2か月以内の期間でお試し雇用をするようなケースです。期間満了で労働契約は終了になりますから、もめることなく契約を打ち切ることができそうです。

有期雇用の場合には「契約の更新の有無」を労働条件として明示しなければなりません。更新がある場合における更新しない理由も明記する必要があります（詳しくは59ページ参照）。

「2か月の期間契約後に正社員採用することもある」という都合のいい話では、トラブルになる可能性もあることに注意しましょう。

また、2か月の期間契約を繰り返していると、「期間の定めのない契約」になることもあります。

7 試用期間中の解雇や試用期間経過後の本採用拒否は可能ですか

● 試用期間中の解雇

　試用期間を3か月と定めているような場合に、1か月経過した時点でやめてもらえるのかという問題があります。

　解雇ですから、正当な理由が必要になる点では本採用拒否と同じです。さらに、手続き的な問題も生じます。

　労働者を解雇しようとする場合には、使用者は、労働者に対し、30日前に予告するか、その日数分の平均賃金（解雇予告手当）の支払いをする必要があります。

　この解雇予告制度は、試用期間中の者には適用されないことになっていますが、引き続いて14日を超えて使用された場合には、解雇予告制度が適用されます。

　逆にいえば、試用開始から14日を経過していない者については、解雇予告手当を支給することなく即日解雇できることになります。

● 本採用拒否は解雇に当たり、正当な理由が必要

　試用期間が設定されていても、労働契約は成立しているため、本採用拒否は「解雇」に当たります。正当な解雇事由で解雇をしないと、「不当解雇だ」と訴えられるケースも多いため注意が必要です。

　また、会社の就業規則には、解雇事由を明記することが義務付けられているため、就業規則に記載のない解雇事由で解雇をすることはできないことになります。

　さらに、解雇の理由を求められた場合は「なぜ解雇をしたのか」を明記した証明書を発行する必要がある点にも注意しましょう。

●正当な理由がある解雇とは

正当な理由があると考えられるものを見ていきましょう。

①経歴を詐称していた場合

応募する際に提出した履歴書や職務経歴書の内容、保有資格などに嘘があった場合は経歴詐称となります。

職務と密接に関連するような資格に関して、取得していなかったなどのケースは、重大な経歴詐称として解雇をすることが可能です。

②勤怠不良である場合

雇ってみたら、遅刻や欠勤を繰り返すだけでなく、それを改善できないようなケースでは、遅刻や欠勤が客観的に見ても「業務に支障が出るくらいひどい」と言える程度であることが必要です。

また、遅刻や欠勤を繰り返した人に対して指導をしても直らない場合のみ、正当な解雇事由となります。指導・教育を何もしていないのに解雇してしまうと問題となります。

③病気やケガで、休職しているようなケースで復帰後に就業が難しい場合

会社によっては、就業規則に休職規定を設けているケースがあります。休職命令を出し復帰することが難しいような場合は、退職してもらうことが可能です。

ただし、業務中のケガや事故で休職をした場合は、休職後30日間は従業員を解雇することができません。また、治療すれば復職できる状態になるのに、いきなり解雇するようなことは問題となりますので、注意が必要です。

④協調性がない場合

仕事を円滑に進める上で協調性は非常に重要です。とはいえ、「協調性がないから解雇」は、注意が必要です。

会社が本人に指導しても反抗をし続け、改善の見込みがない場合のみ解雇事由として認められます。

⑤期待していた能力がなく、成果も出せない場合

「営業先を持っているので、入社直後から月1,000万円の売り上げを期

待していたにもかかわらず、数か月教育をしても10万円も売れなかった」

　というようなケースです。経営者は結果をすぐに求めがちですから、こういったケースは多いといえます。

　しかし、これも問題が生じやすいのです。まず、会社は社員を教育することが必要です。そのうえで成果が出せないなら、配置転換なども実施します。こういったことを行っても成績が明らかに悪い場合は、正当な解雇事由とみなされる可能性が高くなります。

実務の知恵

　成果を重要視する場合は、雇入れ段階で要求する能力や成果について詳細に合意しておくことが重要です。

　たとえば、「試用期間中に最低でも月1,000万円の売り上げをあげること」「試用期間の3か月間経過後に実施する社内検定や○○の試験に合格すること」などです。明確な基準があれば、お互いに納得できるので、トラブルになるケースは少ないといえます。

●訴訟リスクを生むような解雇

　次の3つの例はトラブルになる可能性が極めて高いといえます。

①経験者の採用で成果が出ないために解雇

　業界や同職種の経験者を中途採用する場合は、試用期間中も期待値が高くなり、本採用の判断基準が厳しくなるケースがあります。

　たしかに、同業経験がある人には優良な成績を期待することもありますが、プロセスは問題がないのに成果だけで解雇判断をすることは不当解雇となる可能性が高いです。

②未経験入社者・新卒採用者に対して能力不足で解雇

　業界や職種未経験で入社した中途社員や、社会人経験が初めての新卒採用者は、最初は仕事ができなくて当たり前です。

　未経験者を採用したにもかかわらず、適切な指導・教育無しに「能力不足なので解雇します」と判断するのは非常に危険です。

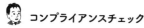 コンプライアンスチェック

☑ **試用期間の意味をよく考えましょう**

　何を確認するために試用期間を設けるのか、試用期間中の指導・教育体制などを社内で細かく決めておくことが必要です。

☑ **本採用拒否は、不当解雇として訴えられる可能性があります**

　正当な理由に該当するように事実に関して、書面で証拠を残しておくことも重要です。

規定例

第○条　試用期間

1　新たに採用した者については、採用の日から３か月間を試用期間とする。ただし、会社の判断で、この期間を中断または短縮し、設けないことがある。

2　会社は、試用期間満了日までは次条に定める雇用契約の解約権を有する。

3　試用期間は事情により、入社の日から１年を超えない範囲内（中断を除く）で延長または中断する場合がある。

4　試用期間は、勤続年数に通算する。

5　試用期間中の労働条件は個別に定める。

第○条　本採用拒否

1　試用期間中の社員が次の各号のいずれかに該当し、社員として引き続き勤務させることが不適格と認めるときは、労働契約を解約し、本採用を行わない。

（1）採用選考時及び採用時の提出書類に虚偽の記載をし、または面接時において事実と異なる経歴や能力を告知したことが判明したとき。

　　　　　　　　　（(2)、(3)、(4)は紙面の都合で省略）

（5）その他前各号に準ずる事由があったとき。

2　労働契約の解約は、試用期間満了前であっても行うことができる。この場合において、これが解雇に該当し、採用の日から14日を経過していたときは、解雇予告の規定を準用する。

労働契約とはどんな契約を指すのでしょうか

●労働契約、雇用契約？

会社で働く契約を、「労働契約」と言ったり「雇用契約」と表現したりしますが、この2つは基本的に同じです。

雇用契約は、民法に規定されており、「当事者の一方が相手方に対して労働に従事することを約し、相手方がこれに対してその報酬を与えることを約すること」としています。

一方、労働契約は労働契約法に、「労働者が使用者に使用されて労働し、使用者がこれに対して賃金を支払うことについて、労働者及び使用者が合意すること」と規定されています。

民法の特別的な位置づけが労働契約法ですから、会社と社員等が結ぶ契約については、多くの場合は労働契約を指します。

●労働契約の内容と制限

労働契約は、「労働する対価として賃金をもらう」という関係が主な内容です。「労働」、つまり働く条件と賃金の内容に関しては自由に取り決めることが前提となります。

しかし、会社と社員では力関係が明らかに異なることから、労働基準法などでさまざまな規制が加えられているのです。

労働基準法では、「使用者(会社)に対して、○○をしてはいけない」という内容になっており、違反すると多くの場合は契約自体が無効となり、罰則(罰金や懲役刑)の適用もあります。

人事・労務の担当者としては、労働基準法などの規制内容をよく知っておかないと、会社が労務リスク(社員から損害賠償などの訴訟を起こされる金銭的リスクや刑事罰などのリスク)を負うことになります。

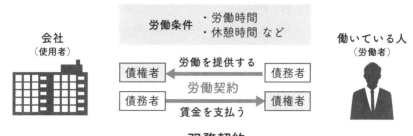

労働契約は会社と働く人の信頼関係で成り立つ

労働条件 ・労働時間
・休憩時間 など

会社
（使用者）

働いている人
（労働者）

労働を提供する
債権者 ← 債務者
労働契約
債務者 → 債権者
賃金を支払う

双務契約
互いに債権・債務がある

 コンプライアンスチェック

☑ **偽装請負とみなされないように**

　労働契約は各種の規制を受けることから、業務委託契約として人を雇うことがいまだに横行しています。

　ここで言うところの業務委託契約とは、「請負契約」のことです。請負契約が活用される理由は、

1　労働基準法の規制を受けない

2　社会保険などの加入義務がないため会社の負担も少ない

　といったことです。

　業務委託契約は、当事者の一方が注文者から受けた特定の仕事（委託業務）の処理や、仕事の完成（成果物）を約束し、注文者がそれに対して報酬を支払う契約です。

　注文者は、具体的な指揮命令を行うことができません。

　形式上は業務委託契約にもかかわらず、会社の指揮命令下で働いていたり、報酬が指揮命令の下で働いていたことに対するものと判断されると、労働基準法などの法の適用を逃れようとする「偽装請負」と判断されてしまいますので、注意が必要です。

☑ **それは労働契約です**

　時間管理の下で仕事をさせたり、指揮命令を与えることは請負契約ではなく、労働契約となります。

労使協定って何ですか

●労使協定とは社員と会社との間で交わされる協定のこと

労働基準法には「労使協定」という言葉は書かれていませんが、「事業場に、労働者の過半数で組織する労働組合があるときはその労働組合、労働者の過半数で組織する労働組合がないときは労働者の過半数を代表する者との書面による協定」を一般的に「労使協定」と呼んでいます。

この協定に関して、労働基準法では14の項目のみが認められているので注意が必要です。それぞれ協定締結までの手続きなどが細かく定められていますが、どれも「書面による協定」という部分が共通しています。

●労使協定の効力

労使協定自体には、協定したから何かを守らなければならないなどの契約的な効力は発生しません。
「労働基準法では認められていないけれど、罰則を受けることがない」という免罰効果が得られるだけです。

 コンプライアンスチェック

☑ **従業員代表とは**

労使協定の締結にあたっては「従業員代表」と締結することが労働基準法で定められています。

従業員代表とは、労働組合がある場合とない場合で定義が異なります。労働者の過半数で組織する労働組合があるときはその労働組合、労働組合がないときは労働者の過半数を代表する者を従業員代表といいます。

この過半数代表者の選出がきちんと行われているのかが、労働基準監督

署の調査などで問題になります。まず、「労働者」には、監督または管理の地位にある者(一般的には部長以上の人)、病欠、出張、休職期間中の人や、正社員だけではなく、アルバイト、パート、嘱託社員、契約社員等も含まれます。

さらに、「過半数代表者」は、

1　監督または管理の地位にある者でないこと
2　協定等をする者を選出することを明らかにして実施される投票、挙手等の方法による適正な手続きによって選出された者であること
　　が必要とされています。

したがって、管理監督者は労使協定締結に必要な労働者には含まれますが、過半数代表者にはなれません。

☑ **労使協定が必要な14項目(届け出る場合には労働基準監督署へ)**

労使協定が必要な 14 項目を覚えておこう	届出の要否
① 貯蓄金管理に関する協定	○
② 賃金の一部控除	
③ 1か月単位の変形労働時間制※1	○
④ フレックスタイム制	△※2
⑤ 1年単位の変形労働時間制	○
⑥ 1週間単位の非定型的変形労働時間制	○
⑦ 時間外労働、休日労働に関する協定	○
⑧ 代替休暇	
⑨ 事業場外のみなし労働時間制	△※3
⑩ 裁量労働(専門業務型)みなし労働時間制	○
⑪ 一斉休憩の適用除外	
⑫ 時間単位の年次有給休暇	
⑬ 年次有給休暇の計画付与	
⑭ 年次有給休暇中の賃金を健康保険の標準報酬日額で支払う場合	

※1　労使協定により採用した場合
※2　清算期間が1か月を超える場合は○
※3　労使協定で定める1日当たりの労働時間が8時間を超える場合は○

労働契約

10 労働契約、労働協約、就業規則の違いがわかりません

●労働契約、労働協約、就業規則はどう違うのか

労働契約は、先に説明したように、社員1人ひとりとの契約です。

これに対して、労働協約は、会社と労働組合との間で、組合員の労働条件等についての合意を書面化したものをいいます。

労働協約は、書面に合意内容を記載して、会社と労働組合の双方が、署名または記名押印することによって効力が発生します。

就業規則は、労働者を雇用する事業場において、労務管理などを効率的に進めるため、統一的・画一的に定める職場の規律のことです。一定の制約はありますが、会社が自由に取り決めることができます。まとめると、

労働契約……会社と社員の個別の契約
労働協約……会社と労働組合との契約
就業規則……会社が作る働く上でのルール
ということになります。

●労使協定とは

労使協定は、労働者と会社の合意の下に締結するものです。

労働基準法で認められていないことに対して罰則を免れる効果(免罰効果)が得られますが、権利義務は発生しません。

たとえば、1日8時間を超えて労働させることはできませんが、労働基準法第36条に規定する協定(サブロク協定→70ページ参照)を締結すれば、違法とはなりません。

●それぞれの優先順位は

労使協定は労働条件の内容を定めるものではないため、労働条件の効力は労働協約、就業規則、労働契約の間の優先順位が問題となります。

まず、労働協約と就業規則は、「労働条件を決めるもの」なので、取り決め内容が重複することがあり、その場合は労働協約が優先されます。

就業規則と労働契約の関係は、「就業規則で定める基準に達しない労働条件を定める労働契約は、その部分については、無効とする。この場合において、無効となった部分は、就業規則で定める基準による」と法律で規定されています。

したがって、労働契約において就業規則よりも労働者にとって低い基準を定める部分は、就業規則に抵触することになり、その部分は無効となります。この場合の就業規則とは、

①合理的な労働条件が定められている就業規則であること
②その就業規則が労働者に周知されていること

が必要です。逆に、就業規則に記載がない定めや、あっても就業規則より有利な定めには、個別の労働契約の内容が優先します。

いずれも、法律に抵触することはできないので、効力関係は整理すると次のようになります。

労働基準法＞労働協約＞就業規則＞労働契約

 コンプライアンスチェック

☑ **労働組合員が全社員の４分の３以上で組織されているのかどうか**

労働組合員が全社員の４分の３以上を占めている場合は、労働組合員以外も（つまり全社員が）労働協約に従うことになります。逆に、労働組合員が全社員の４分の３に満たない場合は、労働組合員は労働協約に従い、その他の社員は就業規則に従うことになります。

11 男女は本当に 同じ賃金でなければ ならないのでしょうか

●男性と女性は同一の賃金にしなければならない

　一昔前の日本では、女性の賃金は男性よりも低く抑えられていました。封建的な考え方によるものです。これを是正するために、労働基準法に男女同一賃金の原則が規定されています。

> 　使用者は、労働者が女性であることを理由として、賃金について、男性と差別的取扱いをしてはならない

　ここで言う「賃金について」とは、賃金額そのものだけではなく、家族手当などの手当を男性のみに支払うという「賃金体系」や、職務・能力・勤続年数などが同じような場合でも、男性のみ月給制、女性は日給制とするという「賃金形態」も含みます。

　また、「差別的取扱い」とは、不利に取り扱う場合のみならず、有利に取り扱う場合も含みます。仮に違反すると、6か月以下の懲役または30万円以下の罰金となりますから注意が必要です。

　なお、就業規則に賃金について男女間の差別的取扱いをする規定があっても、現実に差別待遇をしていなければ、その規定は無効となりますが、男女同一賃金違反とはなりません。

👩 実務の知恵

　性別などではなく、能力により処遇する仕組みを整えることが重要です。つまり、人事評価制度を整えるということです。

●性別を理由とする差別の禁止は賃金だけではない

　男女雇用機会均等法においては、会社は労働者の募集・採用、配置・昇進・降格・教育訓練、福利厚生、職種・雇用形態の変更、退職の勧奨・定年・解雇・労働契約の更新について、性別を理由として、差別的取扱いをしてはならないとされています。

　以下は、禁止される具体例です。チェックしてみましょう。

①求人募集・面接・採用

　男性のみ募集、「男性歓迎」や「女性向け」などの表現をすること。面接で「結婚や出産をしても働き続けられますか?」と質問することも避けましょう。

②人員配置

　営業職への配置を男性のみとすること。

③昇進

　女性には役職への昇進の機会を与えない、一定の役職までしか昇進できないとすること。

④教育・訓練

　研修の内容や期間を男女で異なるものにすることや、「一定年齢に達した」「結婚した」「子供がいる」などを理由に教育・訓練の対象から外すこと。

⑤福利厚生面

　会社の社宅の入居対象者を男性限定にすること。

⑥職種や雇用形態を変える

　女性のみ、一定年齢に達したら専門職から事務職へと変更することや、パート(有期雇用)から正社員になる際の、試験の基準に男女間で差をつけること。

⑦社員の解雇

　解雇基準を設定する際も、男女間で異なる条件をつけること。

⑧労働契約

　男性のみを労働契約更新の対象とし、女性については更新しない(雇止め)こと。

労働条件は
すべて書面にしなければ
いけませんか

●人を採用する場合に事前に労働条件を通知しなければならない

採用後のトラブルを防ぐために、社員を雇い入れるときには、労働条件を明示しなければなりません。

その際に、重要な労働条件に関しては書面で交付することが求められています。この書面を、「労働条件通知書」といいます。労働条件の明示を怠った場合には、30万円以下の罰金が科されるため、注意が必要です。

● LINEやメールでも明示が可能に

2019年4月1日に行われた法改正により、希望があればFAXや電子メール、SNSなどの電気通信を利用した明示も可能となっています。

コンプライアンスチェック

☑ **電子メール等による明示はどこまでが認められるのか**

電子メール等による明示ではトラブルになる可能性もあります。トラブル防止のために下記の3点をチェックしましょう。

1　電子メール等による明示を希望したか確認する
2　雇用者のもとへ到達したか確認する
3　電子メール等のデータを出力して書類を保存しておくように伝える

なお、労働条件通知書は、労働者が退職あるいは死亡した3年後まで保管しておく義務があります。

●労働条件通知書に記載する事項

「絶対的明示事項」と「相対的明示事項」があります。労働契約の期間や働く場所は、必ず明示しなければならない絶対的明示事項です。一方、

相対的明示事項は制度があれば明示すべき事項です。

①**絶対的明示事項（昇給に関する事項を除いてすべて書面で）**

（1）　労働契約の期間

（2）　期間の定めのある（有期の）労働契約を更新する場合の基準（更新に関する上限の定めがある場合には、その上限を含む）

（3）　就業の場所及び従事すべき業務（それらの変更の範囲を含む）

（4）　始業及び終業の時刻、所定労働時間を超える労働の有無、休憩時間、休日、休暇並びに労働者を２組以上に分けて就業させる場合における就業時転換に関する事項

（5）　賃金（退職手当及び臨時の賃金等を除く）の決定、計算及び支払いの方法、賃金の締切り及び支払いの時期並びに昇給

（6）　退職に関する事項（解雇の事由を含む）

なお、有期の労働契約について、更新が繰り返され無期転換されるケースにおいては、別途明示事項が定められています（60ページ参照）。

②**相対的明示事項（書面または口頭でも可）**

（1）　退職手当の定めが適用される労働者の範囲、退職手当の決定、計算及び支払いの方法並びに退職手当の支払の時期

（2）　臨時に支払われる賃金（退職手当を除く）、賞与及び精勤手当、勤続手当、能率手当並びに最低賃金額

（3）　労働者に負担させるべき食費、作業用品その他

（4）　安全及び衛生

（5）　職業訓練

（6）　災害補償及び業務外の傷病扶助

（7）　表彰及び制裁

（8）　休職

🗨️ 実務の知恵

労働（雇用）契約と労働条件通知書との合わせ技、がよく使われます。

採用後のトラブルを防ぐ意味から、両者の内容を兼ね備えた「労働条件通知書兼雇用契約書」を用意することをおススメします。

パート社員等との契約にも書面は必要でしょうか

●パート社員等にはプラスアルファの労働条件の書面明示義務が！

　パート社員や有期雇用労働者（以下、パート社員等）を雇い入れる時と契約を更新する時には、一般の社員に対する労働条件の明示義務に関する項目にプラスして、次の4点を文書で明示する必要があります。

①昇給の有無

②退職手当の有無

③賞与の有無

④相談窓口→ 短時間・有期雇用管理者（下記の用語解説参照）

　これらの明示は、希望があれば電子メールやFAXでも可能です。

　文書明示義務に違反し、改善が見られない場合には、パート社員等1人につき10万円以下の過料の対象となります。

用語解説 ➡ 短時間・有期雇用管理者

　パート社員等を常時10人以上雇う会社（事業場）にはパートタイム労働者の相談に応じる「短時間・有期雇用管理者」を選任する努力義務があります。選任後は、都道府県労働局へ選任届を出す必要があります。

●パート社員等から「正社員」へ転換する制度を整える義務

　パート社員等から、安定した正社員への採用を促進するために、会社は次の四つのうち少なくとも一つを準備しなければなりません。

①正社員を募集する場合は、その募集内容をすでに雇っているパート社員等にお知らせする

②正社員のポストを社内公募する場合は、すでに雇っているパート社員等にも応募する機会を与える

③パート社員等が正社員へ転換するための試験制度を設ける

④上記の他、正社員への転換を推進するための機会を整える

●同一労働・同一賃金の観点からの説明義務

　会社には、パート社員等を雇い入れたときは速やかに、雇用管理の改善措置の内容や待遇の決定に当たって考慮した事項等の説明義務が課されました。さらに、パート社員等から正社員との待遇の相違の内容及び理由等の説明を求められたときの義務も課されています。

● パート社員等への説明義務 ●

雇入れ時の説明内容	説明を求められたときの説明内容
・不合理な待遇の禁止 ・待遇の差別的取扱い禁止 ・賃金の決定方法 ・教育訓練の実施 ・福利厚生施設の利用 ・通常の労働者への転換を推進するための措置	・待遇の相違の内容及び理由 ・労働条件の文書交付等 ・就業規則の作成手続き ・不合理な待遇の禁止 ・待遇の差別的取扱い禁止 ・賃金の決定方法 ・教育訓練の実施 ・福利厚生施設の利用 ・通常の労働者への転換を推進するための措置
具体例	具体例
・賃金制度はどうなっているか ・どのような教育訓練があるか ・どの福利厚生施設が利用できるか ・どのような正社員転換推進措置があるかなど	・比較対象となる通常の労働者との間で待遇の決定基準に違いがあるか、違う場合はどのように違うのか ・どの教育訓練や福利厚生施設がなぜ使えるか（または、なぜ使えないか）など

（厚生労働省資料より）

14 パート社員等に「賞与がない」「退職金がない」のはまずいでしょうか

●裁判になる例が増えています…

2020年10月に、パート社員や有期雇用の契約社員の差別的待遇に関して、最高裁判所の判決が3件出ました。これらも踏まえて、正社員とパート社員等との待遇差をどう考えればいいのか整理していきましょう。

ここでは事例研究として、賞与と退職金に関しての2つの最高裁判所の判決を紹介します。

🔍 事例研究

賞与に関する裁判「2020年10月13日　大阪医科薬科大学事件」(最高裁判決)。

正社員には基本給の4.6か月分を基準に賞与が支給されていたのに対し、アルバイト職員と呼ばれる契約社員(フルタイム)には賞与が支給されていませんでした。

この案件について最高裁は、契約社員に賞与を支給しなかったことは、違法ではないと判断しました。主な理由は次の3点です。

1　正社員との間で業務の内容や責任の程度に差があった……契約社員は補佐的業務であった

2　契約社員から正社員への登用制度があった

3　正社員は人事異動があったのに対し、契約社員は他部門への人事異動がなかった

この裁判、高等裁判所の二審では不合理と判断され、正社員の6割は支給すべきとされていました。

第1章　募集から採用、労働条件の決め方について

実務の知恵

　正社員への登用制度を作りましょう。パート社員や契約社員から正社員への登用制度があることは、差別的待遇に当たるかの判断でも重要な要素になります。手当額などに少しの差があっても、正社員になれるチャンスもあるわけですから、著しく不合理とまでは言えなくなります。

事例研究

　退職金格差に関する裁判「2020年10月13日　メトロコマース事件」(最高裁判決)。
　正社員には退職金が支給されるのに対して、契約社員として地下鉄駅構内の売店で売店業務に従事する販売員については退職金が支給されないことが問題となりました。
　結論は、主に4つの理由から不合理な差別ではないとされました。
1　正社員と契約社員の間で業務の内容や責任の程度に差があった
2　正社員は人事異動があるのに対し、契約社員は他部門への人事異動がなかった
3　会社は正社員(配置転換されながら継続的に就労することが期待される)確保のために退職金を支給してきた
4　契約社員から正社員への登用制度があった
　この裁判、高等裁判所の二審では、不合理な差別として退職金の支払いを命じていました。つまり、意見は割れており、最高裁の判断がそのまますべての会社に当てはまるとは考えないほうが賢明でしょう。

●一定額の賞与や退職金を用意したほうがいい

　有期雇用契約者には、勤務時間が通算5年を超えると無期限の雇用契約への転換を請求する権利が認められています(56ページ参照)。
　このことを加味すると、5年を超えた長期勤続の契約社員、パート社員等には、正社員と同様の額ではないにしても、賞与や退職金を出すのが合理的でしょう(裁判例では4分の1程度といったものもあります)。

47

著者からひと言

　パート社員等といった理由だけで、待遇差をつける時代は終わりました。働いているすべての人がやる気を持って働けるような仕組みを作ることが必要です。

 実務の知恵

　待遇差でトラブルにならないためには、次のようなステップを踏みましょう。働いている人の納得感が大切です。

1　会社で働く人の正社員以外の種類(契約社員、パート社員、嘱託社員など)を洗い出す。
2　正社員に支給されている支給項目(各種手当や賞与、退職金など)のうち、正社員以外には支給されていないもの、計算方法や支給額が異なるものがあるかの一覧表を作成する。
3　2で洗い出した一覧表の支給項目ごとに、正社員との待遇差がある場合は、その待遇差を合理的に説明できるかどうかを検証し、合理的に説明できない場合は待遇差を解消する。
4　1〜3の過程の中で、労使間での話し合いの機会を持つ。

 用語解説 ➡ SDGs (持続可能な開発目標)

　2015年9月の国連サミットで採択された国際目標。17種類で構成されています。その8番目が「ディーセントワークと経済成長」です。ディーセントワークとは、「働きがいのある人間らしい仕事」とされています。日本の働き方改革の一環である〈同一労働・同一賃金〉などはこの流れの中に位置づけられます。

正社員等とパート社員等との同一労働・同一賃金の判断基準はどこにありますか

●パート社員等と正社員等との均等・均衡待遇とは

2021年4月から、中小企業を含むすべての会社で、正社員等と短時間・有期雇用労働者(パート社員等)との間の不合理な待遇差が禁止されます。いわゆる「同一労働・同一賃金」ですが、賃金だけではなく、福利厚生施設等の利用も含めて「すべての待遇」が対象となります。

具体的には、「A 職務の内容(業務の内容と責任の程度)」と「B 職務の内容と配置の変更の範囲」を比較して、両方とも同じなら『均等待遇』、つまり、正社員等と同じ待遇(賃金等)にする。両方またはいずれかが異なれば『均衡待遇』=その違いに応じた待遇にする必要があります。

ここでいう均衡待遇とは、正社員等と比較して職務内容などが80%同じであれば、給与等も80%の水準にしてくださいということです。

下の図表は、パート社員である一郎さん、二郎さん、三郎さん、四郎さんの4人について、AとBの要素を正社員等と比較したものです。

「同じ待遇」と「違いの度合いに応じた待遇」の分かれ目は

比較対象	A 職務の内容	B 職務の内容と配置の変更の範囲	するべき待遇
内容	仕事の中身や責任の程度	配置転換や転勤などがあるか	
一郎さん	○	○	均等待遇
二郎さん	○	×	均衡待遇
三郎さん	×	○	均衡待遇
四郎さん	×	×	均衡待遇

※○は同じ、×は異なる、を意味します。

一郎さんは、仕事の内容も配置の変更なども正社員等と同じであるため、同じ待遇(均等待遇)が必要となります。二郎さん、三郎さん、四郎

さんは、どちらかが違うまたは双方が違うため、その度合いに応じた均衡待遇が求められます。

●均等・均衡待遇の判断のステップ

「A　職務の内容（業務の内容と責任の程度）」と「B　職務の内容と配置の変更の範囲」が同じかどうかの判断の手順が厚生労働省から示されています。

> A　職務の内容（業務の内容と責任の程度）が同じかどうか

職務の内容とは、業務の内容及び当該業務に伴う責任の程度をいいます。同じかどうかについては、下記の手順に従って判断します。

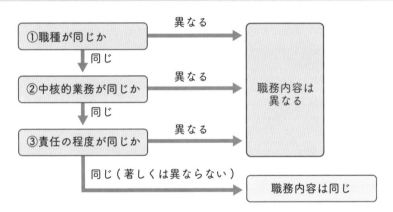

● パート社員等と正社員等（最も業務内容が近い者）を比較する

①職種が同じか…ホテル接客係、デパート店員など。「厚生労働省編職業分類」の細分類を目安にします

②中核的業務が同じか…以下の基準に従い総合的に判断します

・正社員等・パート社員等に与えられた職務に不可欠な業務

・業務の成果が事業所の業績や評価に対して大きな影響を与える業務

・正社員等・パート社員等の職務全体に占める時間的割合・頻度が大きい業務

業務の比較例（飲食店）

正社員等	接客、レジ、調理 、食材の発注・在庫管理
パート社員等	接客、品出し 、掃除、洗い場

※ は中核的業務

③責任の程度が同じか…以下の事項について比較します。これらが著しく異ならない場合も「同じ」と判断されます

・与えられている権限の範囲（その正社員等・パート社員等が契約締結可能な金額の範囲、部下の人数、決裁権限の範囲など）

・業務の成果について求められる役割

・トラブル発生時や臨時・緊急時に求められる対応の程度

> B　職務の内容と配置の変更の範囲（人材活用の仕組みや運用など）が同じかどうか

次の手順で、判断していきます。

パート社員等と正社員等（最も業務内容が近い者）を比較する

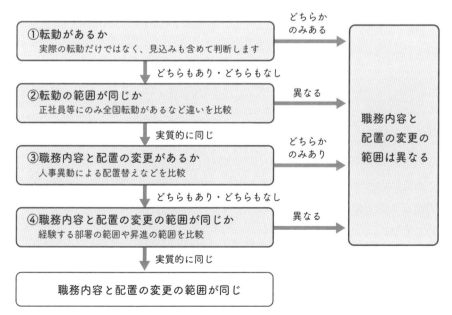

51

●差別的取扱いなどの禁止

「Ａ　職務内容が社員と同じ」で、「Ｂ　職務内容と配置の変更の範囲が同じ」という条件を満たしたパート社員等は、正社員等と就業の実態が同じと判断され、基本給、賞与、役職手当、食事手当、教育訓練、福利厚生施設、解雇などのすべての待遇について、パート社員等であることを理由に差別的に取り扱うことが禁止されています。

　ＡとＢの一つだけ満たすか、またはＡＢ双方が異なるような場合でも、均衡がとれるようにしていくことが求められています。

　すべての待遇が対象ですが、特に重要といえる「賃金」「教育訓練」「福利厚生施設」については、事細かな待遇確保の内容が定められました。

● すべての待遇差における規制内容の整理 ●

比較対象	A	B	賃金	教育訓練	福利厚生
内容	職務の内容	職務の内容と配置の変更の範囲	職務関連賃金 ・基本給 ・能力給 ・役職手当等	職務遂行に必要な能力に関する研修	・給食施設 ・休憩室 ・更衣室
一郎さん	同じ	同じ	○	○	○
二郎さん	同じ	異なる	△	○	○
三郎さん 四郎さん	異なる	―	△	△	○

※○は同一にする義務、△は能力などを勘案する努力義務を意味します。

　49ページで紹介した4人の具体例で、理解を深めていきましょう。

①一郎さん

　正社員等と比較して職務内容と職務内容と配置の変更の範囲が同じ、正社員等とほぼ変わらず仕事をしています。したがって、賃金、教育訓練、福利厚生などのすべての待遇について、差別的取扱いが禁止されます。

②二郎さん

　正社員等と比較して職務内容は同じですが、転勤がないなど、職務内容と配置の変更の範囲が違います。職務関連の賃金に関しては、職務の内容や成果、意欲、能力、経験などを考慮して決定するようにする、努

力義務となっています。

仕事に密接に関連する教育訓練に関しては実施義務が、また、福利厚生施設などについて利用機会も与えることが求められます。

③三郎さん・四郎さん

この2人は、正社員等と比較して職務内容が異なります。したがって、賃金に関しては二郎さんと同様になります。仕事に密接に関連する教育訓練については、職務内容が正社員等と異なることや能力などを考慮して実施する努力義務になります。

一方、福利厚生施設については利用機会を与えることが求められます。

会社としては、パート社員等と正社員等を比較して、あらゆる待遇に関して職務、つまり、仕事の内容、転勤や配置換え、昇進などの事情を考慮して、きめ細やかな対応をすることが求められています。

4人の事例をもとに、賃金や教育訓練などをどのようにするべきか説明しました。すべての待遇に関してパート社員等と正社員等で差がある場合には、「その理由がきちんと説明できる」ことが必要です。

実務の知恵

パート社員等にも人事評価制度を設けることをおススメします。残念ながら、そうした会社はまだまだ少ないようです。時給が入社した時と同じで昇給がないようでは、パート社員等の働く意欲も減退します。

2021年4月からの同一労働・同一賃金の導入をきっかけとして、評価の仕組みを作りましょう。その結果として賃金が決定されれば、正社員等との間に賃金格差がついたとしても問題はありません。もちろん、評価制度自体が適正であることが前提になりますけれど。

16 「期間10年の正社員契約」って可能でしょうか

●労働契約期間の上限は3年！

　労働契約には、期間の定めがないものと、期間の定めがあるもの（有期）があります。有期の労働契約は上限が定められており、上限は原則として「3年」とされています。3年の上限には一定の例外もあります。

●5年の上限が適用される例外とは

①専門的な職種

　専門的な職種の場合は、技術等があるため「転職も容易」という理由から、5年が上限になります。

　専門的職種とは、以下のような人を指しています。

1　博士の学位を持っている人

2　公認会計士、医師、歯科医師、獣医師、弁護士、一級建築士、税理士、薬剤師、不動産鑑定士、社会保険労務士、弁理士または技術士のいずれかの資格を持っている人。システムアナリスト試験、アクチュアリー資格試験合格者

3　特許法に規定する特許発明の発明者、意匠法に規定する登録意匠を創作した人または種苗法に規定する登録品種を育成した人

4　大学卒で実務経験5年以上、短大・高専卒で実務経験6年以上または高卒で実務経験7年以上の農林水産業の技術者、鉱工業の技術者、機械・電気技術者、システムエンジニアまたはデザイナーで、年収が1,075万円以上の人

5　システムエンジニアとして実務経験5年以上を有するシステムコンサルタントで、年収が1,075万円以上の人

6　その他厚生労働省労働基準局長が認める人

②60歳以上の人との契約

60歳以上の人との契約は5年が上限になります。定年後の継続雇用を推進していることが理由です。

●一定の事業の完了に必要な期間を定める場合

6年間で完了するトンネル工事において、技術者を6年間の契約で雇うような場合は、事業の完了までという期間が認められます。

 コンプライアンスチェック

☑ 無期転換という仕組みがある

有期の労働契約は、その期間満了で労働契約が終了するため、会社にとっては労働力を調整できる便利な仕組みです。そこで、1年契約を更新し続けるといった、有期の労働契約を繰り返し、その結果として長期にわたり雇用しているようなケースも見られます。

そこで、更新を繰り返し5年を超えると「無期転換」という仕組みが設けられています（詳しくは次ページ以降参照）。5年以下の場合でも、無期契約と裁判で判断されるケースもあるため注意が必要です。

●有期労働契約における期間途中での解除

有期の労働契約では、会社も社員も契約期間が終わるまでは一方的に契約を解除することができません。約束は守られる、という期待があるからです。そこで、期間途中での一方的な契約解除が過失によって生じた場合等には、そのことで相手方が被る損害を賠償する責任が生じます。

 コンプライアンスチェック

☑ 社員はいつでも辞められる？

あらかじめ定めた契約期間が1年を超え3年以内のケースの場合、その契約が1年を経過した後は、社員側からはいつでも辞めることができます。法律で決められている例外なので損害賠償の責任は生じません。

労働契約期間 17 パートを5年超えて雇ったら、正社員に登用しないといけないのでしょうか

●期間の定めがある契約から期間の定めがない契約へ（無期転換）

期間の定めがある労働契約が5年を超えて更新された場合、パート社員や有期雇用労働者からの申込みにより、期間の定めのない労働契約に変わる仕組みがあります。

これを無期転換といいます。

契約期間が1年の場合は、5回目の更新後の1年間に無期転換の申込権が発生します。また契約期間が3年の場合は、1回目の更新後の3年間にそれぞれ無期転換の申込権が発生します。

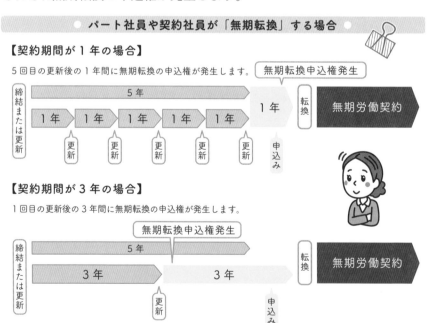

● パート社員や契約社員が「無期転換」する場合 ●

【契約期間が1年の場合】

5回目の更新後の1年間に無期転換の申込権が発生します。　無期転換申込権発生

締結または更新　5年　1年　1年　1年　1年　1年　1年　転換　無期労働契約

更新　更新　更新　更新　更新　申込み

【契約期間が3年の場合】

1回目の更新後の3年間に無期転換の申込権が発生します。

無期転換申込権発生

締結または更新　5年　3年　3年　転換　無期労働契約

更新　申込み

具体例で見てみましょう。

①申込み…有期労働契約の通算契約期間が5年を超える場合、その契約

第1章　募集から採用、労働条件の決め方について

期間の初日から末日までの間に、無期転換の申込みをすることができます。

②転換…無期転換の申込みをすると、使用者が申込みを承諾したものとみなされ、無期労働契約がその時点で成立します。無期に転換されるのは、申込み時の有期労働契約が終了する日の翌日からです。

●無期転換になったパート社員の労働条件は？ 就業規則の適用は？

無期転換になったとしても、仕事の内容や、勤務地、賃金、労働時間などは特に定めがない限りは、直前の労働契約の内容と同じでも問題ありません。

パートタイム就業規則を定めている場合に、その対象者は、

「正社員より労働時間が短く、かつ、期間の定めがある契約」

で採用した人とされています。無期転換した人は、新しいカテゴリに変身！するわけですから、パートタイム就業規則の対象にはならないはずです。無期転換のケースも盛り込んで就業規則を見直す必要があります。

> **用語解説 ➡ クーリング期間（「通算5年」の計算について）**
>
> 有期労働契約の期間満了後、次の有期労働契約が始まるまでの間に、空白期間（同一使用者の下で働いていない期間）が6か月以上あるときは、その空白期間より前の有期労働契約は5年のカウントに含めません。これをクーリングと言います。振出しに戻るという仕組みです。

有期労働契約における「クーリング期間」とは

空白期間の前はカウントに含めず

5年

| 締結 | 1年 | 1年 | 1年 | ---- | 1年 | 1年 | 1年 | 1年 | 1年 | 1年 |

更新　更新　　6か月以上でクーリング　　更新　更新　更新　更新　更新　申込み可能

●無期転換ルールの特例

①5年を超える一定の期間内に完了することが予定されている業務に就く高度専門的知識等を有する有期雇用労働者で年収が1,075万円以上の人は、5年を超える契約期間であっても「10年を上限」として無期転換申込権が発生しません。

具体的には、次の(1)～(7)のいずれかに当てはまる人を指します。

(1) 博士の学位を有する人

(2) 公認会計士、医師、歯科医師、獣医師、弁護士、一級建築士、税理士、薬剤師、社会保険労務士、不動産鑑定士、技術士または弁理士

(3) ITストラテジスト、システムアナリスト、アクチュアリーの資格試験に合格している者

(4) 特許発明の発明者、登録意匠の創作者、登録品種の育成者

(5) 大学卒で5年、短大・高専卒で6年、高卒で7年以上の実務経験を有する農林水産業・鉱工業・機械・電気・建築・土木の技術者、システムエンジニアまたはデザイナー

(6) システムエンジニアとしての実務経験5年以上を有するシステムコンサルタント

(7) 国等によって知識等が優れたものであると認定され、上記(1)から(6)までに掲げる者に準ずるものとして厚生労働省労働基準局長が認める者

ハイレベルな有期雇用労働者の無期転換はハードルが高い

【プロジェクトの開始当初から完了まで従事させた場合】

```
                    5年
        ┌─────────────────────────────┐
雇    ┌──┐┌──┐┌──┐┌──┐┌──┐
入   │1年││1年││1年││1年││1年│ 1年   1年
れ    └──┘└──┘└──┘└──┘└──┘
       ←──── 無期転換申込権は発生しない ────→
       プロジェクト（7年）
```

（注）プロジェクトの終了後、引き続き有期労働契約を更新する場合は、通常の無期転換ルールが適用され、無期転換申込権が発生します。

②定年後に有期労働契約で継続雇用される高齢者で適切な雇用管理に関する計画を作成し都道府県労働局長の認定を受けた事業主に定年後も引き続き雇用されている場合は無期転換権は発生しません。

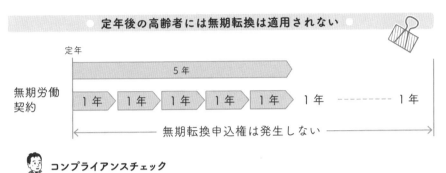

定年後の高齢者には無期転換は適用されない

 コンプライアンスチェック

☑ 無期転換ルールの特例を受けるには

　特例措置を受けるためには、高度専門職の場合であれば「第一種計画認定・変更申請書」、継続雇用高齢者の場合は「第二種計画認定・変更申請書」をそれぞれ提出し、都道府県労働局長の認定を受ける必要があります。

　また、大学及び研究開発法人の研究者、教員等も特例があり、無期転換申込権の発生までの期間は10年です。

 コンプライアンスチェック

☑ 有期の労働契約における雇止めの制限について

1　雇止めの予告

　使用者は、有期労働契約（有期労働契約が3回以上更新されているか、1年を超えて継続して雇用されている労働者に係るものに限ります。なお、あらかじめ当該契約を更新しない旨明示されているものを除きます）を更新しない場合には、少なくとも契約の期間が満了する日の30日前までに、その予告をしなければなりません。

2　雇止めの理由の明示

　有期労働契約において、使用者は、雇止め予告後に労働者が雇止めの理由について証明書を請求した場合は、遅滞なくこれを交付しなければなりません。また、雇止めの後に労働者から請求された場合も同様です。

著者からひと言

　2024年4月から、労働条件の明示のルールが改められています。

　特に、有期の労働契約の締結・更新の際のルールが厳格化されました。

○更新上限の明示

➡有期労働契約の締結と契約更新のタイミングごとに、更新上限（有期労働契約の通算契約期間または更新回数の上限）の定めがあるときは、その上限の明示＊①を必要とする。

〈補足〉更新上限を新たに定め、またはこれを引き下げようとするときは、その理由を労働者に説明することも必要。

○無期転換申込みに関する事項の明示

➡「無期転換申込権」が発生する更新のタイミングごとに、無期転換申込みに関する事項（無期転換を申し込むことができる旨）の明示＊①を必要とする。

○無期転換後の労働条件の明示

➡「無期転換申込権」が発生する更新のタイミングごとに、無期転換後の労働条件の明示＊②を必要とする。

〈補足〉無期転換後の労働条件を定めるに当たって正社員等との均衡を考慮した事項を、労働者に説明するよう努めることも必要。

＊①　書面の交付等による明示が求められています。

＊②　絶対的明示事項（昇給を除く）に相当する事項については、書面の交付等による明示が求められています。

　会社による"無期転換逃れ"に釘をさすような改正といえます。

第2章

会社で働くための
ルールについて

ダイア ローグ

振休・代休、変形労働時間制は、 多くの会社が間違って 運用しています!

 先生、私も人事・労務のことを勉強して、いろいろわかってきました。うちの会社が45分しか昼休みがないのは、8時間勤務だと45分でいいからですね。

 そのとおりです。労働基準法では、休憩は6時間まではいらない、8時間までは45分でいいんです。時代に合わないと思いますけどね(苦笑)。だから、8時間の労働時間だと45分でOK。

 でも、45分だと、お昼にゆっくりランチもできなくて……。

 早く帰れるという利点もありますよね。それに、ちょこちょこ個人的に休憩とっているんじゃないんですか???

 まじめに集中して働いてますよ! ただ、金曜日とかは忙しくていつも残業になるんです。水曜日は逆に暇なので、水曜日に早く帰れるようにしてくれるとありがたいんですが。

 特定の曜日に忙しい場合は、シフトを組んでみるのも手です。1日8時間勤務を、水曜日は6時間、金曜日は10時間というふうに組み替えるのです。変形労働時間制と言うんですけど……。

 それ、いいですね! 金曜日は残業代ももらえて、水曜日に早く帰れるなんて、ラッキー。

 いえいえ、残業代は出ませんよ。平均すると1日8時間になってますから、決められた労働時間しか働いていませんので。

えっ、残業代が出ないんですか！ いつも、金曜日は残業なので、仕事仲間のエリ子ちゃんとその後、食事に行くのが楽しみなんです。残業代をもらえるぶん、豪華な食事が楽しめて……。

うーーん、それだと完全に残業代稼ぎだね。

そんなことありません！ 金曜日は本当に忙しくて、そのご褒美なんです。そういえば、先週は土曜日に出勤命令が出て、来週、振休なんですが……休日出勤手当が出ないらしいんです……。

それは、問題ですね。月曜日から金曜日まで1日8時間、週40時間働いて、土曜日に8時間働くと、48時間。40時間を超えた分は割増賃金が発生しますよ。振替休日をとっても、割増分は残ります。日曜を週の起算日とすると、の話ですが……。

えっ！ そうなんですか……。うちの会社は振休を2か月以内にとるというルールのようですが（汗）。

それは、さらにまずいですね。賃金の締日でいったん清算しないと、重大な労働基準法違反になります。そもそも、振休と代休の違いはわかってますか？

混乱してきました…。もっと勉強しないと！ そもそもうちの会社の場合、社長自身がよくわかってないと思います。

変形労働時間制や、振休・代休、裁量労働制など、誤解が多いところです。今後、毎月の訪問時にレクチャーしていきますから。

よろしくお願いします！

就業規則の作成と変更に、社員の同意は必要ですか

●就業規則の作成と変更に労働者（社員）の同意は原則必要ない

労働基準法には、「使用者は、就業規則の作成又は変更について、当該事業場に、労働者の過半数で組織する労働組合がある場合においてはその労働組合、労働者の過半数で組織する労働組合がない場合においては労働者の過半数を代表する者の意見を聴かなければならない」と定められています。

「意見を聴けば」いいので、原則として「同意」は必要ありません。また、聴いた結果が「反対意見」でも構いません。

就業規則は、会社が作成するもので、労働者代表の意見については、できる限り尊重することが望ましいという考え方です。

また、就業規則には、必ず記載しないといけない「絶対的記載事項」と、何らかの制度を作る場合に、必ず就業規則に記載をしなければならない「相対的記載事項」との2種類があります。

たとえば、テレワークでの通信費の個人負担等は、相対的記載事項の（3）にあたるため、就業規則に記載が必要になります。

● 就業規則の絶対的記載事項とは ●

☑ 始業時刻・終業時刻、休憩時間、休日、休暇、労働者を2組以上に分けて交替に就業させる場合においては就業時転換に関する事項

☑ 賃金の決定、計算の方法、賃金の支払いの方法、賃金の締切り及び支払いの時期

☑ 昇給

☑ 退職に関する事項、解雇事由

（1）	退職金制度
（2）	賞与や最低賃金額
（3）	従業員の食費、作業用品その他の負担
（4）	安全及び衛生
（5）	職業訓練に関する定め
（6）	災害補償や業務外の傷病扶助に関する定め
（7）	表彰及び制裁の定め
（8）	その他、事業場の全従業員に適用される定めをする場合においては、これに関する事項

 コンプライアンスチェック

☑ **就業規則の作成・変更で踏むべきステップとは**

1　就業規則の作成・変更

2　従業員代表者からの意見聴取

3　作成・変更した就業規則の社員への周知

4　作成または変更した就業規則の「労働基準監督署」への届出（常時働いている労働者が10人以上の場合）

 実務の知恵

　就業規則は、その会社で働く上のルールですから、できる限り詳しく記載するほうが良いといえます。たとえば、次の通りです。

☑ **試用期間に関する規定**

　本採用までの能力を見極める期間

☑ **「服務規律」に関する規定**

　職務専念義務やハラスメント行為の禁止、機密の保持、マイカー通勤や自転車通勤など

☑ **「休職」に関する規定**

　病気などの理由で一定期間仕事を休む場合の手続きや復職する場合の手続き、復職できない場合の扱い等を定める規定

☑ **「異動」に関する規定**

　従業員の異動や転勤、職務内容の変更などについて定める規定

19 業績が悪化したので、退職金制度を廃止しても大丈夫でしょうか

●就業規則の不利益変更

　退職金制度は、それを作った場合には就業規則に記載しなければならない項目になり、これをやめることは社員にとっては労働条件の引き下げになることから、就業規則の不利益変更の問題になります。

　就業規則の不利益変更とは、「就業規則により労働条件を社員にとって不利益に変更すること」をいいます。不利益変更は原則としてできません。

> 「使用者は、労働者と合意することなく、就業規則を変更することにより、労働者の不利益に労働契約の内容である労働条件を変更することはできない」（労働契約法第9条）

　ただし、例外もあります。それは、
①変更の内容が合理的
②変更後の就業規則を周知させていた
　という両方を満たす場合に限り、就業規則により労働条件を不利益に変更することができるとされています。

●不利益変更の手続きを間違えると多額の損害賠償に発展する？

　就業規則の不利益変更が無効とされ、多額の損害賠償を請求された例を見ておきましょう。

　業績の悪化から、基本給を減額して固定残業手当を増やす就業規則の変更を無効と判断（東京地裁2016年9月27日判決）しました。総額は一見変わりませんが、基本給が減っていることから、不利益変更に当たるということで訴訟に発展しました。

その結果として基本給減額分など「約540万円」の支払いを命じられました。

同じような例として、業績悪化から会社の年間休日を4日削減する就業規則の変更を無効と判断した裁判例（東京地裁2012年3月21日判決）等、不利益変更をめぐる裁判は非常に多いのです。

 コンプライアンスチェック

☑ 不利益変更の場合は、適正手続きを

就業規則の不利益変更を行う場合には、社員の同意を取れば問題は生じません。その際に、次のステップを確実に実行する必要があります。

1　社員への説明

不利益になる部分も含めて明確に説明することが必要です。できれば1人ひとり個別に面談して話をして、内容を説明し同意を得ましょう。

面談の際には社員からの質問やそれに対する回答なども含め記録を取るようにしましょう。

不利益に変更することの必要性についての説明も丁寧にすることが必要です。

2　同意書

書面に残すことが重要です。同意書は代表者との同意書ではなく社員1人ひとりに書いてもらうことが必要です。

なお、全員の同意が得られない場合は、同意があった人だけ適用する経過措置（急激な不利益が発生しないように、変更を徐々に行う措置）を設けるなどの配慮も必要になります。

1日、1週間の労働時間は どのように決められるので しょうか

●労働時間とは

労働契約は、働くことの見返りとして賃金が発生するという仕組みになっています。働く時間＝労働時間は賃金が発生する時間ともいえます。具体的には、労働時間は、労働者が使用者の指揮命令下に置かれている時間をいいます。

そして、この労働時間は、労働条件の一つとして会社が決め、就業規則などで周知されます。

指揮命令下に置かれている時間という点も重要です。

就業規則で午前9時始業と定められていたとしても、実際には、始業前に朝礼などで午前8時半から集まるように指示されていれば、会社の指揮命令下にあったといえる状況となり、午前8時半から始業までの時間も労働時間になります。

労働時間に該当するか否かは、休憩の項目（74ページ）を参照してください。

●労働時間は上限規制がある

会社が就業規則や労働契約で取り決めができる所定労働時間は1日8時間まで、1週40時間までとされており、それを超える設定は、原則としてできません。

所定労働時間は法定労働時間を超えることはできないのです。所定労働時間を超える労働はいわゆる「残業」となります。

所定労働時間は、就業規則や雇用契約書で決められた始業時刻から終業時刻までの時間のうち、休憩時間を除く時間のことです。

「所定」と「法定」の違いに注意しよう

【所定労働時間と法定労働時間（所定労働時間が 7 時間の場合）】

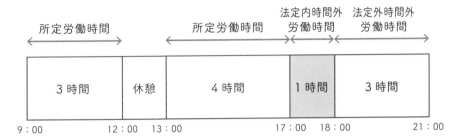

● 「1 日 8 時間、週 40 時間まで」のルールの例外

①管理監督者については所定労働時間についての規制が適用されません

②従業員数が常時 10 人未満の一定の事業場では所定労働時間を 1 週間 44 時間まで設定できます（特例措置対象事業場）

 用語解説 ➡ 特例措置対象事業場とは

| ア 商業、理容業 | イ 映画・演劇業（映画の製作の事業を除く） |
| ウ 保健衛生業 | エ 接客娯楽業 |

③変形労働時間制を採用した場合　→　84 ページ以降参照

 コンプライアンスチェック

☑ 労働時間の把握義務

　働き方改革関連法の施行により、社員はもちろん、管理職や営業職、裁量労働制対象者、事業場外みなし労働制の対象者も含めて、労働時間の状況の把握が義務付けられています。

　労働時間の状況の把握は、原則として、タイムカード、あるいはパソコンの使用時間の記録などの客観的な方法で行うことが必要になり、労働時間の記録を会社は 3 年間保管する義務があります。

1 日 8 時間、1 週 40 時間が法定労働時間

21 残業時間には一定の規制があると聞きましたが、その中身を教えてください

● 残業は 36 協定（サブロク協定）を締結すれば OK ？

1日8時間まで、あるいは1週40時間までを超える労働を「時間外労働」といい、法定休日の労働を「休日労働」といいます。

時間外労働・休日労働があるすべての会社は36協定と呼ばれる労使協定の締結を義務付けられています。この協定を締結したときは、労働基準監督署長に提出して届出しなければなりません。

ただし、この協定は、労働基準法の罰則を免れるだけの効力しかありません。

「時間外労働・休日労働」の命令規定を就業規則や労働契約などに定めていなければ、そもそも時間外労働や休日労働を命じることはできません。

 用語解説 ➡ 36 協定（サブロク協定）

時間外労働・休日労働の協定は、労働基準法第36条に規定されていることから、「サブロク協定」と呼ばれています。

● 36 協定を締結すれば、残業はいくらでもさせて良いのか？

時間外労働時間については上限規制があります。働き方改革関連法の成立により、36協定を結んで残業をさせる場合の残業時間についても上限規制が設けられました。次の3段階の制限があります。

ステップ① 原則的上限

36協定を締結した場合も、「通常時の残業」は月45時間、年360時間までとなります。

ステップ② 特別条項

特に繁忙な時期については、36協定で「特別条項」を設けることができ、

年6回までに限って月45時間を超える「臨時的残業」が認められます。

　この場合でも、1か月は100時間未満にしなければならないとともに、年間で720時間以下にしなければなりません。年720時間の制限については休日労働を含まない時間数で計算します。

　したがって、実際は「年720時間＋休日労働」が年間の残業時間の上限になります。

　一方で、1か月100時間未満の制限については休日労働も含めて100時間未満にすることが必要です。

ステップ③　健康配慮に基づく規制

　さらに、長時間の残業は精神疾患などを引き起こす原因と考えられていることから、健康面の配慮に基づく規制もあります。

ア　健康上特に有害な業務についての時間外労働が、1日について、2時間を超えないこと

イ　月の時間外労働と休日労働の合計が、毎月100時間以上にならないこと

ウ　月の時間外労働と休日労働の合計について、どの2～6か月の平均をとっても、1か月当たり80時間を超えないこと

● 残業には何種類もの規制がある ●

区分	上限	対象
① 原則的上限	月：45 時間以内 年：360 時間以内※	時間外のみ
② 特別条項	月：100 時間未満	時間外＋休日
	年：720 時間以内	時間外のみ
③ 健康配慮に基づく規制	月：100 時間未満 2～6 か月平均：80 時間以内	時間外＋休日

※1 年単位の変形労働時間制の場合は、月 42 時間以内、年 320 時間以内

　なお、健康配慮に基づく規制に違反した場合の罰則が定めらています。「6か月以下の懲役または30万円以下の罰金」の刑罰となるため、労働時間管理が非常に重要です。

コンプライアンスチェック

☑ 複数月平均80時間とは

● 平均の時間外労働時間の計算方法とは ●

	2021/4	2021/5	2021/6	2021/7	2021/8	2021/9
時間外労働	80	60	45	35	90	80
休日労働		20	15	10		
合計	80.0	80.0	60.0	45.0	90.0	80.0

算定期間		平均	
2か月	➡	85.0	…8～9月の平均
3か月	➡	71.7	…7～9月の平均
4か月	➡	68.8	…6～9月の平均
5か月	➡	71.0	…5～9月の平均
6か月	➡	72.5	…4～9月の平均

✓ すべての月について、隣接する2～6か月の平均が80時間以内となるよう管理しなければなりません。上記の例では、8月、9月の2か月では85時間となるため違法となります。

著者からひと言

年間720時間規制に時間外だけしか含まれないのには理由があります。

上限規制には、経済界から強い反対がありました。月100時間未満と複数月平均80時間未満は「時間外＋休日」なのに対して、720時間は「時間外のみ」です。つまり、年間720時間にプラスして休日労働は別枠で考えるということで、経済界と政府当局が妥協したのです。

● 適用除外者

新技術や新商品、新サービスの研究開発業務については、36協定は必要ですが、上限規制はありません。また、高度プロフェッショナル制度が適用される社員についても、残業規制の適用はありません。

第2章 ● 会社で働くためのルールについて

用語解説 ➡ 高度プロフェッショナル社員（高プロ）

「高プロ」は、時間ではなく成果で評価される働き方を希望する社員のニーズに応え、その意欲や能力を十分に発揮できるようにするための制度です。

一定の年収要件（1,075万円以上）を満たし、高度な職業能力を有する労働者が対象になります。そのポイントについては、後ほど取り上げます。

 コンプライアンスチェック

☑ **長時間労働には安全配慮義務がある**

1　労働者に通知する義務

時間外労働・休日労働が1か月あたり80時間を超えた場合、その労働者に対して、超えた時間を通知する義務があります。

2　医師による面接指導の義務

時間外労働・休日労働が1か月あたり80時間を超え、かつ、疲労の蓄積が認められる労働者に対して、会社は医師による面接指導を行う義務があります。

3　労働時間の短縮などの措置を講じる義務

会社は、長時間労働者に対する医師による面接指導の後に、医師の意見を聴き、必要に応じて労働時間短縮などの措置をとる義務があります。

●旧適用猶予事業・業務への時間外労働の上限規制の適用

建設の事業、自動車運転の業務、医業に従事する医師については、時間外労働の上限規制が導入されてから5年間、その適用が猶予されていましたが、その猶予期間が終了し、2024年4月からは、特例*付きで上限規制が適用されています。

その規制内容ついては、一般の上限規制よりも少し甘いところもありますが、「2024年問題」として、社会全体での対応を迫られています。

＊たとえば、自動車運転の業務については、特別条項付き36協定を締結する場合の年間の時間外労働の上限が年960時間とされているなど。

「1日の労働時間が8時間の会社で昼休みが45分」って短かすぎるでしょうか

●休憩は時代遅れの仕組み？

休憩に関しては、法律で「労働時間が6時間を超える場合においては少なくとも45分。8時間を超える場合においては少なくとも1時間の休憩時間を労働時間の途中で与えなければならない」と定められています。6時間までは休憩なしで働かせることができるのです。

労働時間が延びると休憩時間も延びる	
労働時間	休憩時間
6時間まで	与えなくてもよい
6時間を超え8時間まで	少なくとも45分
8時間を超える場合	少なくとも1時間

休憩時間は「一斉に」取得させる必要があります。例外として、
①一定の業種（運輸交通業・商業・金融業など）
②一斉休憩の適用除外に関する労使協定を書面で締結している会社
上記の①②については、個別に休憩時間を与えることが認められています。

 用語解説 ➡ 待機時間（手待ち時間）について

待機時間（手待ち時間）とは、ライン作業等において次の指示や新たな仕事の必要が生じるまで現場で待機している時間をいいます。

待機時間中に実作業がなくても、拘束されていますから休憩時間にはあたらないと判断されています。

第2章 ● 会社で働くためのルールについて

●労働時間と休憩時間との境目

お昼休み（休憩時間）に電話当番や来客対応をさせるようなケースでは、労働時間なのか休憩時間なのかが問題になります。指揮命令下に置かれていることが一つの基準となります。

 コンプライアンスチェック

☑ 労働時間に該当するもの

労働時間に入る・入らないの境目を知ろう	
労働時間に入る	労働時間に入らない
特殊健康診断	一般健康診断
強制参加の研修	任意参加の研修
強制参加の朝のラジオ体操や朝礼、点呼など	自己研鑽としてWeb学習ツールを提供していた場合のWeb学習時間
お昼休みの電話当番	残業禁止命令に違反して業務をした時間
作業着への着替えが義務付けられている場合の着替え時間	会社の寮から工事現場までのバスによる送迎時間

 実務の知恵

☑ 残業禁止は明確にかつ書面で伝える

社員が勝手に残業するのを放置していると、黙認していたということになりかねません。残業禁止は明確に、書面で伝えることが必要です。明確に伝えていれば、下記の裁判例のように残業とは認められません。

1　業務上の必要性がないのに通勤時の交通事情から遅刻しないように早めに出社する場合の始業時刻までの時間

2　早く起床することが常態のものが、自宅では何もやることがないなどの事情から業務上の必要性がないのに早く出社している場合の始業時刻前の時間(1、2ともに八重椿本舗事件東京地裁判決)

23

うちの会社はGWが書入れどきなので、祝日に働かせても大丈夫ですよね

●休日の原則…必ずしも週休2日制でなくてもよい

　法律上は「毎週少なくとも1回の休日」を与えなければならないと定められています。これを法定休日といいます。

　週休2日制をとる会社が多くなっていますが、それは、1週間の法定労働時間が40時間となっているためです。

　1日8時間働かせると、週5日で40時間となるため、週休2日制となるわけです。

　休日については、会社の就業規則等で定められており、これを「所定休日」といいます。

　週休2日制、祝日、年末年始、夏季休日（お盆休み）等を会社の休日として定めている会社が多いようです。

　では、週休2日制を採用している会社では、法定休日はどのようになるのでしょう。前提として、法定休日を特定しなければならないわけではありません。

　土日が所定休日の場合で考えてみましょう。

　法定休日が就業規則などで特定されていれば、その日が法定休日になります。特定されていない場合は、土曜日に出勤させた場合には残りの日曜日が、日曜日に出勤させた場合には土曜日が法定休日となります。

　休日は1日単位で付与される必要があり、午前0時〜午後12時までの暦日をいいます。

●4週4日制？？？

　週1日の休日の例外として「4週を通じて4日」という定め方も可能です。飲食店などで見られます。

ただし、これを適用するには、4週間の起算日を就業規則等に定めておくことが必要です。次のようになります。

● 休日はかなりフレキシブルに決められる ●

起算日
↓
　　　　　　　　　　　　　　　※

第1週	第2週	第3週	第4週	第5週	第6週	第7週	第8週
なし	1日休	2日休	1日休	なし	なし	2日休	2日休

4週4休以上を満たしている　　　　4週4休以上を満たしている

　上記の例では、第3週から第6週までの4週間（上の図表の※部分）については3日しか休日がありませんが、特定の4週間については、4週4日を満たしていることになります。

📖用語解説 ➡ 勤務間インターバル

　前日の業務終了時間から翌日の業務開始時間まで一定以上の休息時間（インターバル）を確保する仕組みです。
　ＥＵ（欧州連合）では、11時間以上のインターバルを設けることが義務付けられていますが、日本では「終業から始業までの時間」を設定することが事業主の努力義務とされただけです（具体的な内容は決められていない）。
　この制度の導入で、労働者は毎日一定以上の休息時間を確保できるようになるため、過重労働による健康障害の防止やワークライフバランスの向上につながり、離職率の低下も期待できるとされています。

振替休日と代休って、どこがどう違うのでしょうか

●振替休日とは何か

「振替休日」は、労働日と休日を事前に振り替えることです。

この場合は、休日に出勤しても、その日が労働日に振り替わっているので「休日労働」とはなりません。

法定休日に労働する場合の割増賃金の支払いも不要になります。会社にとっては便利な制度ですが、社員にとっては不利益にもなるため、振替休日制度は下記のような条件が付いています。

1　就業規則等に振替休日の定めをすること
2　実施に当たって振替休日と労働日を特定すること
3　事前に労働者に通知すること

👤 コンプライアンスチェック

☑ **振り替えても残業代が…**

振替休日により働いた日を含む週の労働時間が週法定労働時間を超えた部分については時間外労働となるので、割増賃金の支払いが必要です。

🔍 事例研究

所定労働時間1日8時間（月から金）、土日所定休日の場合で考えてみましょう。

ケース1：第1週目の土曜日に出勤する代わりに木曜日を事前に振替休日としたケース。このケースでは、週40時間の法定労働時間に収まっているため割増の問題は生じません。

ケース2：第1週目の土曜日に出勤し、翌週の火曜日を振替休日としたような場合は、第1週目の労働時間が48時間となり40時間を超えた分の割増が発生します。

振替休日に関する時間外労働の盲点

	日	月	火	水	木	金	土	日	月	火	水	木	金	土
所定労働	休	8	8	8	8	8	休	休	8	8	8	8	8	休
ケース1	休	8	8	8	**休**	8	**8**	休	8	8	8	8	8	休
	←――――週40時間――――→							←――――週40時間――――→						
ケース2	休	8	8	8	8	8	**8**	休	8	**休**	8	8	8	休
	←――――週48時間――――→							←――――週32時間――――→						

　これが振替休日に関する時間外労働の盲点です。この割増分にあたる残業手当を支払っていない会社が多くあります。

実務の知恵

1　振替休日制度を作っている会社では、同一週内に振替休日を取ることを絶対条件とする。
2　土日が所定休日の会社で、出社は土曜日に限られるような会社では、週の起算日（何も取り決めがなければ日曜起算）を土曜日に変更する。
　→就業規則への記載が必要になります。
　先ほどのケース2についても、上の2のように就業規則に記載しておけば、第1週の土曜日は第2週の起算日となり、第1週も第2週も40時間で収まります。

●代休とは何か

　休日に労働した場合に、事後に他の労働日を休日にすることを代休といいます。振替休日のように「事前の振替」ではありませんので、法定休日に労働した場合には原則の規定通り、35％以上の割増率での割増賃金の支払いが必要になります。

就業規則の見直しのお手伝いをしていると、振替休日制度と代休制度の2つがある会社が意外に多くあります。

社員はもちろん違いがわかりません。驚くことに担当者も違いを理解していないケースもあります。

振替休日が同一週内にとれないような場合は、代休制度だけにすることをおススメしています。

事例研究

以下のケースの場合、割増賃金は発生するでしょうか。

○1日の所定労働時間：7.5時間　　○週の起算日：土曜日

○休日：土曜日・日曜日・祝日　　○法定休日：特定していない

という条件で4月10日（土）に出社し、14日（水）に代休を取得した、というケース。

代休をとったことで割増賃金がどうなるかの具体例

	4/10 ～ 4/16							4/17 ～		
	4/10 土	4/11 日	4/12 月	4/13 火	4/14 水	4/15 木	4/16 金	4/17 土	4/18 日	4/19 月
所定			7.5 時間	7.5 時間	7.5 時間	7.5 時間	7.5 時間			7.5 時間
所定外	7.5 時間				代休					

同じ週に代休が与えられているから、割増賃金は必要ないと考える人もいますが間違っています。休日の出勤を命じられた段階で1週40時間の法定労働時間を超えているからです。順番に考えてみましょう。

10日（土）の勤務で7.5時間所定休日に出勤することになったため、この

週の労働時間が45時間になります。週の所定は37.5時間なので、7.5時間の出勤分は、法定内の2.5時間の超過分と、5時間の法定外の超過分に分かれます。したがって、この日の分は「2.5時間×1.0＋5時間×1.25」で支給されます。

　一方で、14日（水）に代休を取得しています。この分に当たる「7.5時間×1.0」を控除します。結果として、「2.5時間×1.0＋5時間×1.25」－「7.5時間×1.0」＝「5時間×0.25」分の割増賃金の支払いが発生します。

代休をとらせた場合は割増賃金に要注意

残業を拒否されたら、どう対応したらいいのでしょうか

●「土日休みで残業なし」がいい！

近年、残業命令を拒否したり、残業を嫌がる社員が増えました。

これを放置していると、他の社員に示しがつかないことにもなり、会社経営が成り立ちません。

裁判に発展する例も多くなり、1991年11月28日の最高裁判所判決では、「残業については個々の従業員の同意を要しない」とし、就業規則に定めた残業命令に従わない社員に対する懲戒解雇を有効と判断しました。

●残業を拒否する社員への対応

①残業の必要性などを説明し、指導する

残業命令を拒否する社員に対しては、まず、残業が必要な理由を説明して、納得してもらう機会を持つ必要があります。

②改善されない場合は、業務命令を文書で出す

①で従ってくれないような場合は、文書やメールでの記録が残る形で、明確に残業の業務命令を出すことが必要です。

命令を出していることが明確になって初めて、それに従わない社員への懲戒処分や解雇など次のステップに進めると理解しましょう。

③それでも従わない場合には懲戒処分

残業命令に従わない場合は、懲戒処分を科すことが必要です。命令違反の社員を放置していることは、他の社員への悪影響になります。懲戒処分は、軽い順から、戒告またはけん責処分、減給、出勤停止処分、降格処分、懲戒解雇処分という順番に重くなります。

いきなり重い減給処分ではなく、ステップを踏みましょう。

④懲戒処分でも従わない場合は、合意退職・退職勧奨を検討

解雇は、訴訟リスクを伴うため最後の手段。そこで、命令に従わない社員に対しては、「働き方自体がこの会社のルールに合わないことを伝えて、合意による退職」にもっていくようにしましょう。

⑤やむを得ないときに解雇を検討

　退職勧奨にも応じず、他に手段がないときは、解雇を検討することになります。

 コンプライアンスチェック

☑ **残業拒否が正当化されるケース**

1　体調不良の場合……会社の安全配慮義務違反になる可能性があり、注意が必要です。

2　妊娠中の女性社員や産後1年以内の女性社員から請求があった場合

3　3歳未満の子供を持つ社員が、残業の免除を求めた場合

4　要介護状態の家族を介護する社員が、残業の免除を求めた場合

実務の知恵

　解雇した場合のリスクについて、洗い出しておきましょう。

□ 解雇は訴訟のリスクを負い、さらに時効という概念がないため、会社側はいつまでも争われるかもしれないリスクを抱えます。

□ 訴訟になると、解決までの時間的なロス、弁護士費用などの負担が生じます。

□ 解雇が無効となると、復職までの給与と給与が遅れて支払われたことに対する遅延損害金の支払いが発生することになります。

□ 解雇の場合、解雇予告（1か月前の解雇予告や1か月分の解雇予告手当の支払い等）が必要になりますが、合意退職は必要がありません。また、退職日時も自由に設定できます。

　できれば、解雇ではなく合意退職としたいところです。

月曜日に発生した残業手当を、水曜日に早く帰宅させて帳消しにできますか

●変形労働時間制とは

労働基準法では、1日8時間、1週40時間を超えて働いた場合には、残業となり、割増賃金が発生します。これを法定労働時間といいます。

法定労働時間を超えた労働は直ちに時間外労働（残業）となり、月曜日から土曜日まで毎日8時間で働いたとすると、週48時間労働として8時間の残業が発生します。

業種によっては、特定の曜日や、特定の週に繁閑が発生する場合があり、第1週は40時間で足りるが、第2週は48時間必要であるというケースもありえます。また、月曜日は忙しいが、水曜日は暇であるということもあります。

このような繁閑が発生する場合に、一定期間（1か月や1年など）のトータルとしての労働時間で管理し、残業代を抑制するのが変形労働時間の仕組みです。

● 1か月単位の変形労働時間制

変形労働時間制には、1か月単位と、1年単位の2つの種類があります。導入が多いのは1か月単位です。1か月単位の変形制を採用した場合には、次ページの図の時間内で働かせれば、1日8時間を超えても、また特定の週で40時間を超えたとしても残業代の支払い義務は発生しません。

この法定労働時間の総枠は、次の計算式で計算した結果です。

1週間の法定労働時間（原則40時間）×変形期間の暦日数÷7日（1週間）

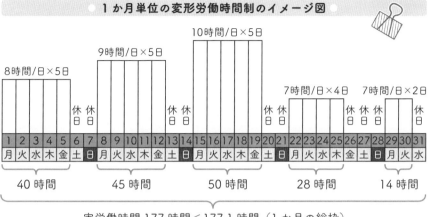

● 1か月単位の変形労働時間制のイメージ図 ●

10時間/日×5日

9時間/日×5日

7時間/日×4日　7時間/日×2日

8時間/日×5日

| 休日 | 休日 | | | 休日 | 休日 | | | 休日 | 休日 | | | 休日 | 休日 | 休日 | | | 休日 |

| 1 | 2 | 3 | 4 | 5 | 6 | 7 | 8 | 9 | 10 | 11 | 12 | 13 | 14 | 15 | 16 | 17 | 18 | 19 | 20 | 21 | 22 | 23 | 24 | 25 | 26 | 27 | 28 | 29 | 30 | 31 |
| 月 | 火 | 水 | 木 | 金 | 土 | 日 | 月 | 火 | 水 | 木 | 金 | 土 | 日 | 月 | 火 | 水 | 木 | 金 | 土 | 日 | 月 | 火 | 水 | 木 | 金 | 土 | 日 | 月 | 火 | 水 |

40 時間　　45 時間　　50 時間　　28 時間　　14 時間

実労働時間 177 時間＜177.1 時間（1 か月の総枠）

● 1か月の法定労働時間の総枠はこうなる ●

暦日	総枠
28 日	160　時間
29 日	165.7 時間
30 日	171.4 時間
31 日	177.1 時間

● 1か月単位の変形労働時間制の採用手順

①1か月単位の変形労働時間制を採用する旨を就業規則等に規定

②労働日、労働時間（シフト）の特定

　変形期間における各日、各週の労働時間をあらかじめ具体的に定めておく必要があります。毎月シフトが変わるような場合は、就業規則に出勤日をすべて記載することが難しいため、「変形期間開始日の○日前までにシフトにより明示する」等の文言を記載した上で、社員等にシフトを明示する必要があります。

③法定労働時間の総枠の範囲内で、労働時間を設定

④変形期間の起算日の特定

　変形期間の始期を明らかにしておく必要があります。

27

1か月単位の変形労働時間制を採用していますが、シフトがよくずれて困っています

●シフトがずれた場合の残業代支払いは間違っている場合が多い

　1か月単位の変形労働時間制では、あらかじめ、労働日と労働時間を特定することにより、総枠での時間管理が可能になります。

　働く人の立場からは、どの日にどのような時間で働くのかが示されていないとプライベートの計画も立てられません。

　しかし、うまくいかないのがシフトです。「お客様から急な依頼が入って、シフト時間を超えて働いた」ということが起こりえます。このような場合の時間外労働となる時間に関しては、次の手順により判断します。

①1日について：もともとのシフトで8時間を超える時間を定めた日はその時間を超えて労働した時間、それ以外の日は8時間を超えて労働した時間
②1週間について：もともとのシフトで1週の法定労働時間を超える時間を定めた週はその時間を超えて労働した時間、それ以外の週は1週の法定労働時間を超えて労働した時間（①で時間外労働となる時間を除く）
③変形期間について：変形期間における法定労働時間の総枠を超えて労働した時間（①または②で時間外労働となる時間を除く）

 コンプライアンスチェック

☑ **違法な処理**

　上の①～③の手順を踏まずに、あらかじめ決めたシフトを超えて働いた時間分を単純に足し合わせて、28日の月は160時間を超えた時間に関して、残業代を支払う処理は違法です。

事例研究

１週間の法定労働時間が40時間、変形期間が４週間の場合

変形期間の所定労働時間の総枠　156時間

変形期間の法定労働時間の総枠　160時間（40×28／7＝160）

変形労働時間制における時間外労働の算定について

□ 所定労働時間

[ア〜ケ] 所定労働時間を
超えた労働時間

0 2 4 6 8 10 12時間

	月					ア
	火			イ	ウ	
	水					
	木					
	金					
	土	エ	オ			
	日					

ア……… **時間外労働である**
所定労働時間が 8 時間（１日の法定労働時間）を超え 10 時間と定められている日に、その所定労働時間を超えている。

イ……… **時間外労働ではない**
所定労働時間が 8 時間を超えていない日に、8 時間に至るまでの部分の時間である。また、週の法定労働時間も超えていない。

ウ……… **時間外労働である**
所定労働時間が 8 時間を超えていない日において、8 時間を超える部分の時間であるため。

エ、オ……… **時間外労働である**
１日単位で見ると所定労働時間が 8 時間を超えていない日において、8 時間に至るまでの部分の労働時間であるため、１日単位でみた場合は時間外労働とならない。しかし、所定労働時間が 38 時間と定められている週において、時間外労働と評価されたア、ウを除き、イを加えると 40 時間となり、エ、オの時間を加えると週法定労働時間である 40 時間を超えている。

カ……… **時間外労働ではない**
イと同じ理由

キ……… **時間外労働である**
エ、オと同じ理由

ク……… **時間外労働である**
１週間の法定労働時間を超える時間を定めた週において、その時間を超えて労働した時間であるので、時間外労働である。

ケ……… **時間外労働である**
１日単位で見ると所定労働時間が 8 時間を超えていない日において、8 時間に至るまでの部分の労働時間であるため、時間外労働とならない。また、１週間単位でみても週の法定労働時間を超えていない。ただし、変形期間における法定労働時間（160 時間）を超える部分での労働時間であるため、時間外労働である（前ページの③より）。

季節によって繁閑に差がある業種におススメの変形労働時間制はありますか

● 1年単位の変形労働時間制

こうしたケースで役に立ちそうなのが、1年単位の変形労働時間制です。1か月を超えて1年以内で労働時間を設定する仕組みです。

1年間での勤務カレンダーを作るケースが多いです。

例えば、テーマパークなどでは、夏休み、冬休み、ゴールデンウイークが忙しい時期ですが、これらの繁忙期に就業時間を延ばしたり、週6日間の労働にしたりして対応します。

その分、閑散期の出勤日数や労働時間を減らし、年間の労働時間数が、年間の法定労働時間内に収まるようにする仕組みです。

ただし、1月から3月までは月250時間、1週6日勤務など極端なシフトを組むと、社員の疲労が蓄積してしまう懸念もあります。

そこで、この仕組みには特別な規制が加えられています。

例えば、年間の総労働日が最大280日と制限されたり、1日の労働時間が10時間を超えてはならないなど、1か月単位の変型労働時間制と比較して制約が多く、実務では1か月単位が多く採用されています。

1年単位の変形労働時間制の規制

1年あたりの労働日数	280日（年間休日85日）
1日あたりの労働時間	10時間まで
1週間あたりの労働時間	52時間まで
原則連続で労働できる日数	連続6日
特定的に連続で労働できる日数	1週間に1日の休み（最大連続12日）

● 1年単位の変形労働時間制の採用条件

1年単位の変形労働時間制は、まず、1年間の各日の労働日について法定労働時間の総枠内に収まるように(週の平均40時間以内)所定労働時間を設定します。

次に、労使協定(労働者の代表との協定)を結び、それを労働基準監督署長に届出しなくてはなりません。

1年間で設定した場合の法定労働時間の総枠は次のようになっています。

● 年間における法定労働時間の総枠 ●

1年間の暦日数	総枠
365 日	2085.7 時間
366 日（閏年）	2091.4 時間

ここで注意が必要なのは、あらかじめ組んだシフトが崩れた場合です。そのような場合は、1か月単位と同様の手順で割増が必要なのか判断していきます。

● 1年単位の変形労働時間制のその他の注意点

1年単位の変形労働時間制を採用している場合、年間の労働時間が法定労働時間内に収まっていないこともあります。

シフトを組む時に、注意したい点です。

また、所定労働時間の繰り上げ・繰り下げはできません。例えば、7時間と所定労働時間が定められている日に、9時間働いてしまったからといって、「翌日の所定労働時間を2時間減らせば残業にならない」ということにはできません。

さらに、労働した期間が対象期間より短い社員（中途採用者、中途退職者など）について、その労働した期間の労働時間を平均して週40時間を超える場合は、その超えた時間について残業代（割増賃金）の支払いが必要となります。

フレックスタイム制の導入を検討中ですが、規律が維持できなくなるのが不安です

●国もフレックスタイム制を推進している？

　フレックスタイム制は、一定の期間についてあらかじめ定めた総労働時間の範囲内で、社員がいつ来て、いつ帰るのかを自由に決めることができる仕組みです。社員の個人的な事情（病院に行く、子供や親の看護）と仕事の調和が図れるのがメリットです。

　一方で、誤解が多い仕組みでもあります。

通常の労働時間制度とフレックスタイム制の違い

【通常の労働時間制度】

【フレックスタイム制】（イメージ）

●フレックスタイム制の導入

　「就業規則等に、始業・終業時刻を労働者の決定に委ねる」ことを定めます。出勤時間（始業）だけが自由になっているという仕組みは、フレックスタイム制ではありません。

　また、労使協定で以下の事項を定める必要があります。

①対象となる労働者の範囲

②清算期間（上限は３か月）

③清算期間における総労働時間（清算期間における所定労働時間）

④標準となる１日の労働時間（標準となる１日の労働時間とは、有給休暇を取得した際に支払われる賃金の計算の基礎となる労働時間の長さを定めるもの）

⑤コアタイム（任意）

⑥フレキシブルタイム（任意）

 用語解説 ➡ コアタイム

　労働者が１日のうちで必ず働かなければならない時間帯です。必ず設けなければならないものではありませんが、これを設ける場合には、その時間帯の開始・終了の時刻を労使協定で定める必要があります。

　コアタイムが長すぎて、自由度があまりない仕組みはフレックスタイム制とはいえません。

　　実務の知恵

　コアタイムをどう組み込むかが、フレックスタイム制の鍵になります。例えば、毎週金曜日の10時から会議があるようなケースで、日によってコアタイムを変えられるのでしょうか。

　実は、コアタイムの時間帯は労使協定で自由に定めることができます。コアタイムを設ける日と設けない日があったり、日によって時間帯が異なるといったことも可能です。

●フレックスタイム制を導入した場合の残業時間

　例えば、１日８時間・週40時間という法定労働時間を超えて労働しても、ただちに時間外労働とはなりません。

　逆に、１日の標準の労働時間に達しない時間も遅刻や早退となるわけではありません。清算期間における法定労働時間の総枠を超えた時間に対して、割増賃金が必要になります。

30 フレックスタイム制だと、労働時間の凸凹について月を超えて調整できますか

●フレックスタイム制における超過・不足時間の考え方

　1か月を清算期間としてフレックスタイム制を導入したケースで、月の労働時間を160時間と設定したとしましょう。

　ある月に、160時間を超えて20時間オーバーした、逆に20時間不足したという問題が生じます。

　まず、多く働いた場合は、その月に20時間分に相当する賃金を支払う必要があります。翌月の労働時間で調整はできません。

　逆に、20時間少なかった場合には、その20時間分の賃金を控除するか、翌月に20時間分働いてもらうということも可能です。

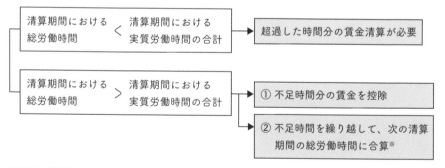

フレックスタイム制で超過や不足が出た場合の考え方

※翌月の総労働時間に加算して労働させる場合は、加算後の時間（総労働時間＋前の清算期間における不足時間）は、法定労働時間の総枠の範囲内である必要があります。

●法改正で最大3か月清算が可能になり、より便利になりました

　2019年4月から、フレックスタイム制の3か月清算が可能となっています。これにより、月をまたいだ労働時間の調整を図ることで柔軟な働

き方が可能となります。例えば、「資格試験の前の月は早く帰って試験に備えたい」、「繁忙期に頑張って働いた分、閑散期には早く帰って自分の趣味等好きなことに没頭したい」という人たちには朗報でしょう。

しかし、ここでも問題があります。例えば、3か月で480時間働いてくださいという仕組みにすると、ある社員は最初の2か月間で240時間ずつ働くと3か月目は遊んで暮らせます。しかし、長時間労働という問題が生じるのです。

そこで、3か月清算の仕組みには一定の制限が設けられています。

3か月で清算する仕組みを導入する場合は、以下の手続きが必要です。

①就業規則等への規定

②労使協定で所定の事項を定めること→清算期間（1か月以内と1か月を超え3か月以内）以外は同じ

③労使協定を所轄労働基準監督署長に届出

実務の知恵

3か月フレックスタイム制独自の規制について、知っておきましょう。例えば、3か月フレックスを採用した場合には、

1　3か月の労働時間が、平均して週40時間以内

2　1か月ごとの労働時間が週平均50時間以内

の2つをともにクリアする必要があります。

特に、②の1か月ごとの労働時間が週平均50時間以内という仕組みは大変複雑で、超えた場合は複雑な給与計算が発生します。

そこで、月の暦日数に応じて、次ページ下にある図表の労働時間の範囲内で働くように徹底するなど、実務的な対応も考えたほうがよいでしょう。

3か月のフレックスタイム制で働くケースでも、労働した期間が清算期間より短い社員（中途採用者、中途退職者など）について、その労働した期間の労働時間を平均して週40時間を超える場合は、その超えた時間について残業代（割増賃金）の支払いが必要となります。

● 3か月単位でフレックスタイム制を導入した場合 ●

✓ 時間外労働が発生するパターン

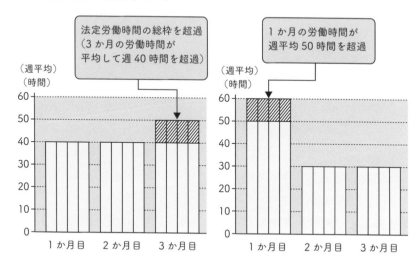

● 月の暦日数と月間労働時間の関係を頭に入れておく ●

（参考）週平均50時間となる月間の労働時間数

月の暦日数		労働時間数
	31 日	221.4 時間
月の歴日数	30 日	214.2 時間
	29 日	207.1 時間
	28 日	200.0 時間

31 テレワークに「事業場外みなし労働時間制」って適用できますか

●事業場外みなし労働時間制…誤解が多い仕組み

「事業場外みなし労働時間制」とは、社員の仕事が、外回りの営業マンのように、労働時間を把握することが難しい場合に、「あらかじめ決められた時間」働いたものとみなす制度です。事業場外みなし労働時間制、と呼ばれることもあります。

「あらかじめ決められた時間」は、通常は、所定労働時間となります。所定労働時間が8時間の場合は8時間ということです。

しかし、毎日1時間は残業しているようなケースでは、「通常必要とされる時間」を1日の労働時間とみなし9時間とすることも可能です。

この場合、法定の8時間を超えるため、毎日1時間の時間外労働が発生することになります。

●事業場外みなし労働時間制の手続き

1　所定労働時間働いたとみなす場合……労使協定は必要ありません。
2　業務を遂行するには所定労働時間を超えて労働することが必要な場合には、「通常必要とされる時間」を労使協定に定めることが必要です。さらに、「通常必要とされる時間」が法定労働時間を超える場合は、所轄労働基準監督署長への届出が必要になります。

 コンプライアンスチェック

☑ 休日労働や深夜労働を行えば、事業場外みなし労働時間制でも残業代は発生

　事業場外みなし労働制においても休日の規定の適用はあります。会社が定めた休日に働いた分は当然休日労働として割増賃金が発生します。また、22時から翌5時の深夜労働も労働時間数に応じて割増賃金が発生します。

事業場外みなし労働時間制の対象者は深夜労働や休日労働を禁止すると管理が楽になります。

☑ 時間外労働も発生します

下図のように、みなし労働時間が適用されるのは外勤の部分だけであり、内勤した分は、外勤の分と合わせて法定労働時間などを超える場合は、割増賃金の支払いが必要になります。

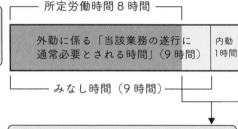

● 事業場外みなし労働時間制でも残業代が発生することがある

みなし時間9時間＋1時間の合計で10時間労働したものとみなされる

所定労働時間8時間

外勤に係る「当該業務の遂行に通常必要とされる時間」（9時間）

内勤1時間

みなし時間（9時間）

みなし労働時間に含まれる1時間＋内勤で把握できた1時間＝2時間分は時間外労働としてカウントされる

● 事業場外みなし労働時間制が認められる条件は厳格

事業場外みなし労働時間制を導入するためには、次の2つの要件をクリアする必要があります。

①会社の外で業務に従事していること

「会社の外」というのは、時間管理をすべき監督者（直属の上司など）の目の届く範囲かどうかという点が基準になります。

②労働時間の算定が困難

スマートフォン等を会社が貸し出しクラウドシステムなどでスケジュール管理が一般的になった今となっては、「労働時間の算定が困難」という要件を満たすことは非常に困難です。

1日中外回りの営業でも、社内システムで訪問時間のスケジュールが確認できる環境で、営業管理ソフトなどで営業報告を行うといったこと

をしていれば、労働時間の把握は可能といえます。

2010年に、ツアーバスの添乗員に事業場外みなし労働時間制が認められるかどうか争われたことがありました。旅行の日程表や日報で労働時間が把握できたことなどの理由から、事業場外みなし労働時間制は認められませんでした。

なお、満18歳未満の未成年者、妊娠中の女性や産後1年を経過しない女性（妊産婦）については、対象から外されています。

 コンプライアンスチェック

☑ **事業場外みなし労働時間制の対象とされないケース**

1　携帯電話やメールなどによって随時上司の指示を受けながら社外で労働している場合

2　社内で訪問先や帰社時刻など、当日の業務の具体的指示を受けて、社外で指示通りに業務を行い会社に戻る場合

営業職で事業場外みなし労働時間制の適用が争われた裁判例では、適用が認められた例はほぼありません。ほとんど会社が敗訴しています。慎重に検討しましょう。

●テレワークと事業場外みなし労働時間制

働き方改革で推奨されたテレワークが、新型コロナの感染拡大を機に急速に普及しました。その収束後も、多様な働き方を実現するものとして欠かせない制度となっています。テレワークとは、「労働者が情報通信技術（ICT）を利用して行う事業場外勤務」のことで、在宅勤務だけでなく、サテライトオフィス勤務や外出先でのモバイルワークも含まれます。

 用語解説 ➡ テレワーク

「tele ＝ 離れた所」と「work ＝ 働く」をあわせた造語です。テレワークは働く場所によって3つに分けられます。

①**在宅勤務**…自宅にいて、会社とはパソコンとインターネット、電話、ファクス等で連絡をとる働き方。

②モバイルワーク…顧客先や移動中に、パソコンや携帯電話等を使う働き方。

③サテライトオフィス勤務……勤務先以外のオフィススペースでパソコンなどを利用した働き方。

●テレワーク＝事業場外みなし労働時間制ではありません

　モバイルワークや、サテライトオフィスで働く場合は、労働時間の把握が容易といえるため、事業場外みなし労働時間制の適用は困難です。問題は、自宅で行う場合です。

　仕事の時間と私用の時間が入り混じっているため、労働時間を算定するのが非常に困難であるといえます。例えば、子供の世話や随時ケアが必要な親の介護をしながら家で働く場合はこれに当たります。

　この点に関して、厚生労働省がガイドラインを出しています。

　在宅勤務時に事業場外みなし労働時間制を導入する場合には、次の条件をみたす必要があります。

1　業務が、私生活を営む自宅で行われること

2　情報通信機器が、使用者の指示により常時通信可能な状態におくこととされていないこと

　インターネット回線につながったパソコンや携帯電話が労働者の手元にあり、いつでも連絡をとろうと思えばとれるという状態であっても、上司から電話があった場合に、「即応する義務」がないという状況であれば、事業場外みなし労働時間制が可能です。

3　当該業務が、随時使用者の具体的な指示に基づいて行われていないこと

　業務の目的、目標、期限等の基本的な事項を指示することや、その変更を指示することなどは含まれません。

　こうしたことを勘案すると、テレワーク労働者について、事業場外みなし労働時間制を適用する場合には、(1)上司からの連絡に対してすぐに対応する義務を課さないこと、(2)上司からの指示は業務の目的や期限等の基本的事項にとどめること、の2点に注意する必要があります。

32 「システムコンサルタントは特殊な職種なので残業代なしでもOK」って本当ですか

●専門業務型裁量労働制を導入すれば残業代なしでもOKです

システムコンサルタントなどの一定の仕事の人は、専門業務型裁量労働制という仕組みで働いているケースがあります。専門業務型裁量労働制は、会社が社員に対して業務遂行の手段や時間配分について具体的な指示をしない代わりに、「労働時間が長くても短くても、実際に働いた時間に関係なく『契約した労働時間分を働いた』ことにする」制度です。

専門業務型裁量労働制はみなし労働時間制の一つです。「みなし」とは、「決める」という意味です。みなし労働時間を1日8時間とした場合、実際の労働時間が4時間であろうと10時間であろうと、8時間働いたこととされ、給与に反映されます。

業務内容で導入できる裁量労働制は、「専門業務型裁量労働制」と「企画業務型裁量労働制」の2つがあります。

●専門業務型裁量労働制

専門業務型裁量労働制ではデザイナー、ソフトウエア開発者、弁護士や税理士、など幅広い20の専門業務が対象となっています。

専門業務型裁量労働制を導入する場合は、会社と社員の過半数代表者で「労使協定」を締結し、所轄労働基準監督署長へ届け出ることが必要です。

 コンプライアンスチェック

☑ **実態と離れた専門業務型裁量労働制を導入すると、思わぬ結果に**

ゲームソフトの創作の仕事として専門業務型裁量労働制が適用されていた女性社員が、実際にはその仕事に携わっておらず、時間配分等の裁量も

与えられていなかったケースでは、専門業務型裁量労働制が否定され、さかのぼっての残業代の支払いが命じられました。専門業務型裁量労働制の悪用も目立ちます。

☑ 裁量労働制も休日出勤や深夜労働への手当は必要

裁量労働制を導入した場合でも、休日出勤や深夜労働（22時〜翌5時）を行わせた場合には休日手当や深夜手当の支払いが必要になります。

☑ 裁量労働制でも時間管理は必要

裁量労働制では、「労働者の健康・福祉の確保に関する措置」と「苦情処理のための措置」等も定める必要があります。

健康・福祉確保措置では、勤務状況の把握やそれに応じた休日休暇の付与、健康診断等が義務づけられます。

● 専門業務型裁量労働制の対象職種 ●

新商品、新技術の研究開発の業務※
情報処理システムの分析・設計の業務
記事の取材・編集の業務
デザイナーの業務
放送番組、映画等のプロデューサー、ディレクターの業務
コピーライターの業務
システムコンサルタントの業務※
インテリアコーディネーターの業務
ゲーム用ソフトウエアの創作の業務
証券アナリストの業務
金融商品の開発の業務
大学での教授研究の業務
M&Aアドバイザリーの業務
公認会計士・弁護士・建築士（一級建築士、二級建築士、木造建築士）・不動産鑑定士・弁理士・税理士・中小企業診断士の業務

※研究開発の助手やプログラマー等は対象ではありません。

33 高度な専門職にだけ認められる、特別な働き方があるのでしょうか

●企画業務型裁量労働制

これは、「事業運営上の重要な決定が行われる企業の本社などにおいて企画、立案、調査及び分析を行う社員を対象」にしています。

自ら主体的に事業の運営に関する業務を行う社員で、本社・本店のような事業運営に関する決定権を持っているところで働く人が対象になります。

この仕組みを採用する条件が、労使委員会の設置と、その委員の5分の4以上の多数による議決、また、決議内容を所轄労働基準監督署長に届け出るなどハードルが高いこともあって、あまり活用されていません。

●高度プロフェッショナル社員（高プロ）

一定の年収要件（1,075万円）を満たし、高度な職業能力を有する社員のことです。対象業務などの制限は以下のようになっています。

● 高プロの要件の整理

① 金融商品の開発業務（新たな金融商品の開発）、金融商品のディーリング業務（ファンドマネージャー、トレーダー、ディーラー）、アナリストの業務（企業・市場等の高度な分析業務）、コンサルタントの業務（事業・業務の再編、人事等経営戦略に直結する高度なアドバイス）、研究開発業務（新たな技術開発等）

② 労使委員会で5分の4以上の多数で決議し、労働基準監督署長に届出

③ 書面での本人同意、健康確保措置

④ 健康管理時間の状況に応じ特別休暇、医師による面接指導等の実施

⑤ 6か月以内ごとに、実施状況を労働基準監督署長に報告

コンプライアンスチェック

☑ **裁量労働制に関して実務担当者が勘違いするポイント**

1　3つの仕組みの違いについて

裁量労働制には3種類あります。違いをチェックしておきます。

● 3種類ある裁量労働制、どこがどう違うのか ●

	事業場外	専門業務型	企画業務型
対象業務	指揮監督が及ばず労働時間の把握が難しい場合	研究開発等の業務や弁護士の業務など20業務	事業運営に関する企画、立案、調査及び分析業務
みなす時間	業務の遂行に通常必要とされる時間	労使協定で定める時間	労使委員会の決議で定める時間
届出	法定労働時間を超える場合労働基準監督署長に届出	労使協定の締結＋労働基準監督署への届出	労使委員会の決議を労働基準監督署長へ届出

2　裁量労働制、高プロ、管理監督者の違いについて

通常の裁量労働制が、深夜や休日など割増賃金の支払い対象であるのに対し、高度プロフェッショナル制度は、深夜・休日労働に関しての割増賃金の支払い義務がありません。

ただし、管理監督者も深夜の割増賃金の支払いは必要になります。有給休暇は高プロの方にも発生します。勘違いが多いところです。

● 裁量労働制、高プロ、管理監督者の違いを知っておこう ●

	裁量労働制	高プロ	管理監督者
有給休暇	あり	あり	あり
深夜労働の割増賃金	あり	なし	あり
休日労働の割増賃金	あり	なし	なし

第 3 章

賃金、賞与、
退職金について

パート社員に
ボーナスや退職金がないと、
大問題ですよ！

先生、うちの会社にはベテランのパート社員が6人いて、仕事ができるんですけど、昇給もないし、ボーナスがないって、時々グチを聞かされるんです……。

中小企業では、ベテランのパートさんのほうが社員より能力が高いケースは多いですね。大切にしないと、ほかの会社に転職されますよ。

それは困ります。私の部署でも、各種の手続きやタイムカードの集計などパートさんがいないと、大変なことになります（大汗）。

ところで、同一労働・同一賃金って聞いたことありますか？

はい、社員と同じ仕事をするようなパートさんは、同じように処遇しないといけないんですよね。勉強しました！

それで、御社では何か見直しはされたんですか。

社長が時給を一律30円アップしたみたいです！

……。それだけですか……。

それだけ、です。社長も自慢してましたよ。パートさんたちもみんな、喜んでくれてるだろうって。

もっと、実情に合わせて見直さないと、大変なことになりますよ。

ちなみに、社員についている手当で、パートさんについていないものはありますか？

うちの会社の手当は、役職手当と通勤手当と、残業手当……それと住宅手当です。通勤手当と残業手当はパートさんにもついてます。役職はパートさんにはないので、問題ないと思います。

住宅手当は？

社員には、一律で定額の住宅手当が支給されています。パートさんに支給しないのは、問題ですか？

社員には一律支給ですか。転勤がある社員には付けて、転勤がないパートさんにはないということなら、パートさんになくても大丈夫ですが、住宅手当の位置づけがはっきりしませんね。

単純に住宅費の補助ではないのですか？　全員一律5万円も支給されているので、みんな助かってます！

ほーーー！　5万円とは（笑）。すごいですね。一律支給の住宅手当は残業代の基礎に入れるべきもので、通常は家賃などに応じて、基準を決めているのですが（もしかして、残業代を少なく払うために、本来は基本給に繰り入れるべきものを、住宅手当に振り分けている、なんて言えないしなぁ）。

先生、どうかしましたか？

いや、次の機会に検証してみましょう……。

はい、ありがとうございます！（もやもや）

賃金 34 テレワークを導入したら、通信手当も支払わないといけないのでしょうか

●法律上支払わなければならない手当は、3つだけ

法律上支払わなければならない「手当」は3つあり、いずれも割増賃金関係です。①残業手当、②深夜残業手当、③法定休日出勤手当、これ以外の手当は、法律上は支払う必要はありません。

例えば、「通勤手当」は支払わなければならないと思っている人も多いのですが、これも法律的な義務はありません。テレワークの通信手当も同様です。

●実際にはいろいろな手当がある

下記の表のようにさまざまな目的で手当を支給している会社がありますが、いったん支給すると、やめることは、労働条件を不利益に変更することになり、原則として社員の同意がないとできません。

実際に、「手当好きな社長」もいますが、パート社員・アルバイトでも同じ仕事をしていれば、社員と同じ賃金を支払わなければならないという新しい基準ができました（49ページ参照）。正社員についている手当が、同じ仕事をしているパート等についていないと問題になります。

● よく見かける手当一覧 ●

通勤手当	一般的には通勤に要する実費を支給
皆勤手当	遅刻や欠勤がない人に支給
精勤手当	遅刻や欠勤が少ない人に支給
役職手当	役職に対応して支給
営業手当	営業職に就いている人に支給
資格手当	一定の資格を有する人に支給

●近年は手当の見直しをする会社が多くなっています

①家族手当

　夫が勤務する会社の家族手当の対象者が妻だとすると、妻がパートで働く際に、「扶養の範囲で働く」ことを希望するといったケースが多々見受けられます。それは、社会保険や税制上の配偶者に関する優遇措置が受けられるだけでなく、夫が家族手当をもらうための対象でいるためです。

　このように「扶養の範囲で働く」といった就業調整は、人手不足の我が国にとって大きな問題であるということで、政府は、「年収の壁・支援強化パッケージ」を講じています。このパッケージには、社会保険における年収の壁への対応のほか、企業における配偶者手当の見直しを推奨することも含まれており、これを参考として、見直しを行う企業も増えているようです。

　見直しの例）「配偶者手当を廃止・縮小＋基本給や他の手当を増額」など

②住宅手当

　最近は、住宅手当を見直す会社が多くなっています。どのように設定しても、不満を感じる社員が必ず出てくるからです。

　例えば、賃貸の人には住宅手当を出し、持ち家の人には出さない。これも不公平ですよね。実家から通っている場合はどうなのか、などといった不平不満も必ず出てきます。

●手当にはメリットもある

　通勤手当を支給する際に、所得税が非課税となる限度額が定められています。具体的には、公共交通機関を利用した場合では、1か月当たりの運賃額が150,000円までが非課税となりますが、これ以上支給された場合は、課税対象となるのです。

　マイカーや自転車で通勤する場合には、その距離に応じて限度額が定められています。

　いずれにしても、手当を検討する際には、そのメリットとデメリットを整理して考える必要があります。

35 社員の給与を、ドル紙幣や ビットコインで支払うことは できますか

●給与の支払い方にはルールがある

　給与の支払いには、労働基準法で厳格なルールが定められています。「賃金支払いの5つの原則」です。この5つのルールに違反した場合、会社には30万円以下の罰金が科されるので、注意が必要です。

　順に見ていきましょう。

 用語解説 ➡ 給与と賃金

　「給与」は会社が社員等に支払うすべての対価のことです。「賃金」は原則金銭で支払われるものですが、例外もありますから、ほぼ同じ意味となります。本書では同じ意味で使っています。

　給与の支払いには、次の5つの原則があります。

①通貨払いの原則

　給与は必ず現金、しかも、使える通貨（日本円）で支払う必要があるということです。社長が海外旅行に行って、余ったドル紙幣で支払うということはできません。

違反する例

ア　商品券などで支払う

イ　外貨や古銭で支払う

　いずれも常識で考えれば　アウトです。現在はビットコインではダメです。

 コンプライアンスチェック

☑ 銀行口座への振込はOKか

　社員の同意があれば銀行口座への振込は可能です。入社の際に振込口座

の記入用紙に本人の希望する口座を記入してもらうことで、同意を得たということになります。

　通勤定期の現物支給は、労働組合の合意がある場合に限って認められます。労働組合がない会社では認められない点に注意しましょう。

② 直接払いの原則

　給与は、社員本人に直接支払わなければならないという原則です。ただし、社員が入院しているため、妻が代わりに給与を受け取りに来たというようなケースは認められています。

　この場合、妻は「使者」という扱いになります。

 用語解説 ➡ 使者と代理人

　「使者」は、伝達係、つまり手足のような存在と考えましょう。「代理人」は、本人と同じ立場（代理する範囲にもよりますが）で行動できます。

違反する例

ア　代理人に支払う

　子供（未成年者）のアルバイト代などを法定代理人である本人の親に支払うことは、子供が同意していても違法となります。委任状による任意代理人に支払うことも同様です。

イ　債権者に支払う

　社員が金融業者等から借りた借金の返済のために、会社が金融業者（債権者）にその社員の賃金を直接支払うことは違法です。

③全額払いの原則

　給与は全額を社員本人に支払わなければなりません。

違反する例

ア　相殺（そうさい）

　会社が社員に金銭を貸し付けている場合であっても、給与と借金を相殺することはできません。

　2人が互いに相手方に対して同種の債権を有する場合、双方の債権を対当額だけ差し引いて消滅させること。「帳消し」とか「棒引き」という意味とほぼ同じです。

違反する例

イ　給与天引き

　給与から、社内預金、社員旅行積立金、罰金などを天引きすることは一定の例外を除き禁止されています。

コンプライアンスチェック

☑ 天引きが許される場合

　社員等の過半数の代表と労使協定による合意をした場合は、合意の限度で社内預金や親睦会費の天引きができます。

　社会保険料や所得税のように、法律上で天引きの根拠がある場合は合法です。

④毎月1回以上払いの原則

　給与は、必ず毎月1回以上支払わなければならないという原則です。大入り袋などのように、もともと臨時的に支払う性質のものや、賞与のように、年数回支払うということが定められているものには、この原則は適用されません。

違反する例

ア　翌月まとめ払い

　中途採用の社員が、入社の初月に3日しか働く日がなかったような場合は、「初月は日割りで3日分の給与しか発生しないので、次の月の給与でまとめて支払う」という処理は、違法になります。

イ　年俸制の社員の給与を1年分まとめて支払う

　年俸制を採用する会社も多くなってきました。年俸制自体は違法ではありません。しかし、1年分を1回で支払うようなことはできません。年俸制の場合は、12回以上に分割して、支払いは毎月1回以上プラス賞

与等という形になるようにしなければなりません。

⑤一定期日払いの原則

　給与は、締め日と現実の支払日があります。例えば「毎月末締め、翌月25日支払い」という例です。支払日は、一定の期日を決めて支払う必要があります。

違反する例

ア　月給制の場合の「毎月第4金曜日支払い」

　一見特定されているような気もしますが、月ごとに支払日が変わってきます。これは違法です。

イ　支払いに条件を付ける

　「ノルマを達成した場合は、その達成日の翌日に支払う」というような、目標達成を条件とした支払い方は違法です。

 コンプライアンスチェック

☑ **毎月末日払い**

　毎月末日というと「28日」「29日」「30日」「31日」というように支払い日が変わりますが、これは問題ないとされています。

● 2023年4月からデジタル払いを解禁

　2023年4月から、それまで現金か銀行振込しか認められていなかった給与の支払方法について、「LINE Pay」や「PayPay」などを使った「給与のデジタル払い」が解禁されました。

　しかし、労働者保護の観点から、デジタル払いを取り扱える業者（指定資金移動業者）の要件が厳しく、今のところ、まったく普及していない状況です（施行後1年の時点において、指定が下りた業者はゼロ）。

　会社にとっては、振込手数料を削減できるといったメリットがありますので、今後の動向が注目されています。

36 勤務時間が7時間半の会社で30分残業したら割増賃金はどれくらい支払うべきでしょうか

●所定労働時間と法定労働時間の違いとは

　いわゆる割増賃金とは、法定労働時間を超えて働かせた場合や、法定休日に労働をさせた場合に会社が支払わなければならないものです。

　お尋ねのようなケースは、法律上は割増を支払う必要がありません。しかし、大手企業などでは法律で定められた割増率を超えて支払うケースが多いようです。

法律で決められている割増率

時間帯	割増率
時間外労働	2割5分以上〔5割以上〕
法定休日労働	3割5分以上
深夜労働	2割5分以上
時間外労働＋深夜労働	5割以上〔7割5分以上〕
法定休日労働＋深夜労働	6割以上

注：〔　〕は、1か月について時間外労働が60時間を超えた場合の60時間を超える時間についての割増率。

　上記の割増率の図表における「時間外労働」とは、法定労働時間を超えた時間外労働のことです。

　また、この表には「法定休日＋時間外」の記載がありませんが、法定休日に出勤し8時間を超えて10時間働いたとしても、「法定休日労働」で定められた35％以上の割増率を支払えば、法律的には問題はありません。

●割増率の整理（法定の下限のみで考えた場合）

　ここで、1日のうちの割増率の変化について整理しておきましょう。

①所定労働日の時間外・深夜労働の割増

　「9：00始業、17：00終業、所定労働時間7時間」の会社で、翌朝の9時までぶっ通しで働いたとすると、割増率は次のようになります。

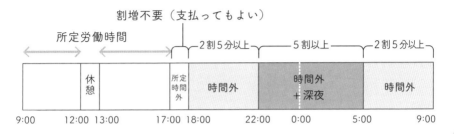

割増率は時間帯によって異なる（2日とも労働日のケース）

　まず、休憩時間を除いた1日8時間の労働時間を超えた18：00以降に労働させた場合に25％の割増賃金が必要になります。深夜労働は22時から翌朝の午前5時までです。この時間帯になると深夜割増の25％が加算され50％以上になります。朝5時を過ぎると25％に戻ります。

②法定休日に働き深夜まで及んだ場合の割増

　法定休日に出勤し、それが翌日に及んだ場合の割増率は複雑です。まず、深夜時間帯に入るまでは35％、深夜に入ると60％、ここまでは良いとして、午前0時になると50％、午前5時を過ぎると25％に減っていきます。くたくたになっているのに割増率が減るとは違和感があります。

　これはあくまで法律を当てはめた場合のことですから、法定以上の割増率で残業手当を支払うことはもちろん可能です。

休日の深夜に働くと割増率はさらに複雑になる（法定休日と翌日が労働日のケース）

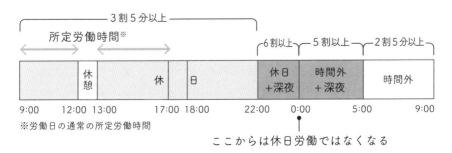

※労働日の通常の所定労働時間

ここからは休日労働ではなくなる

37 割増賃金の計算がおかしいと社員から指摘されて困っています…

●実は多い割増賃金の計算ミス

私の事務所では、多くの企業から給与計算事務を受託していますが、お引き受けする前のデータをいただくと、最もミスが多いのが割増賃金です。

そこで、割増賃金を計算する正しい手順を説明していきましょう。

①計算方法の基本

割増賃金の計算は、実務的には「1時間当たりの賃金額×（1＋割増率)」とし、1時間当たりの残業手当等の額を求め、その金額に、時間外労働・休日労働・深夜労働などのそれぞれの時間数を掛けて計算します。最終的には、時間外労働・休日労働など、それぞれの割増賃金を合算して、その月の割増賃金（残業手当）の総額を計算します。

◆ 割増賃金はこうして計算できる ◆

> 割増賃金の額 ＝ 1時間当たりの賃金額 × 割増率※× 時間数※

※時間外労働、法定休日労働、深夜労働など割増率が異なるごとに分けて計算する。

②1時間当たりの賃金額の求め方

例えば時間給のパートタイマーの場合、1時間当たりの賃金額は時給そのものです。そのパートタイマーが日給の場合は、その日給額を1日の所定労働時間数で割れば、1時間当たりの賃金額が求められます。

月給制の場合は、その月に支給される賃金の合計額をその月における所定労働時間数で割った額が、1時間当たりの賃金額になります。ただし、多くの会社では毎月同じ所定労働時間、例えば160時間(8時間×20日)働くという形ではなく、土日の休日などが決まっていて、月によって労

働時間が異なっているはずです。この場合には、「1年間における1か月平均の所定労働時間数」で割った金額を割増賃金の単価とします。

　この1年間における1か月平均の所定労働時間数の求め方は、次の算式の通りになります。

1か月平均の所定労働時間数はこうして計算できる

ア　年間の労働日数が決まっている場合
{年間所定労働日数 × 1日の所定労働時間 ÷12}

イ　年間の労働日数が決まっていない場合
{(年間の暦日数－年間の休日) × 1日の所定労働時間 ÷12}

事例研究

　年間の休日が125日で、1日の所定労働時間8時間の場合(うるう年ではない)で考えてみましょう。

(365日 － 125日)× 8時間 ÷ 12 = 160時間

1時間当たりの賃金額はこうすれば計算できる

賃金形態	計算方法
ア　時間給	時間給そのもの
イ　日給	日給を1日の所定労働時間数(日によって所定労働時間数が異なる場合には、1週間における1日平均所定労働時間数)で除した金額
ウ　週給	週給を週における所定労働時間数(週によって所定労働時間数が異なる場合には、4週間における1週平均所定労働時間数)で除した金額
エ　月給	月給を月における所定労働時間数(月によって所定労働時間数が異なる場合には、1年間における1月平均所定労働時間数)で除した金額

割増賃金を基本給だけを ベースに計算していますが、 違法でしょうか

●割増賃金の計算の基礎から除外されるものがある

月給制の場合、その月に支給される「賃金」の合計額をその月における所定労働時間数で割った額が、「1時間当たりの賃金額」ということですが、割増賃金の計算から除外する「賃金」が法律で定められています。

●割増賃金の計算から除外される賃金一覧

① 家族手当（扶養家族数によって支給されるものに限る）
② 通勤手当（通勤距離や定期代等の額によって支給されるものに限る）
③ 別居手当
④ 子女教育手当
⑤ 住宅手当（住宅の種類や要する費用などに応じて支給されるものに限る）
⑥ 臨時に支払われた賃金
⑦ 1か月を超える期間ごとに支払われる賃金

これらの賃金は、通勤手当のように会社が負担すべき経費に相当するものだったり、家族手当のように会社が恩恵的に支払っているものなので、これらを含めて割増賃金の額を計算すると、二重に恩恵を与えることになりかねないため、割増賃金の計算から除外されています。

●間違いが多いのが住宅手当と家族手当

1999年10月1日から住宅手当が割増賃金の算定対象外になりました。そこで、悪知恵が働く社長はこう考えました。

「基本給30万円を、基本給25万円、住宅手当5万円とすれば、割増賃金の基礎は25万円になる」

これは、完全に違法です。一律支給される住宅手当は割増賃金の基礎に加えなければなりません。

住宅手当のうち「一律に支給される」ものではなく、割増賃金の基礎から除外されるケースを以下にまとめてみました。

割増賃金の基礎から除外される「住宅手当」とは

割増賃金の基礎から除外される住宅手当

内容	住宅に要する費用に定率を乗じた額とするものや、費用を段階的に区分し費用が増えるにしたがって額を多くするもの
具体例	ア…賃貸住宅居住者には家賃の一定割合、持家居住者にはローン月額の一定割合を支給することとされているもの
	イ…家賃月額5万～10万円の者には2万円、家賃月額10万円を超える者には3万円を支給することとされているようなもの

●割増賃金の端数処理について

労働基準法では、賃金（割増賃金を含む）は、その全額を支払わなければならないことになっていますが、事務処理の簡略化のため、一定の端数処理をすることは認められています。

割増賃金の端数処理のルールはこうなっている

① 1時間当たりの賃金額及び割増賃金額に1円未満の端数が生じた場合	・50銭未満⇒切捨て ・50銭以上1円未満 ⇒1円に切上げ
② 1か月における時間外労働、休日労働、深夜業の各々の割増賃金の総額に1円未満の端数が生じた場合	
③ 1か月における時間外労働、休日労働、深夜業の各々の時間数の合計に1時間未満の端数がある場合	・30分未満⇒切捨て ・30分以上1時間未満 ⇒1時間に切上げ

給与計算をラクにするため「毎月20時間残業代込み」で一律に支払っても大丈夫でしょうか

●固定残業代を支給する会社が増えている

「固定残業代」とは、給与に最初からいくらかの残業代を加算しておくという仕組みで、「見込み残業代」「みなし残業代」などとも呼ばれています。そのメリットとデメリットを整理したのが、下の表です。

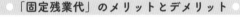

「固定残業代」のメリットとデメリット

メリット	デメリット
固定残業で設定された時間より早く帰っても固定残業代は満額支払われるため〔固定ですから〕効率よく仕事をした人は得をする。また、一定の残業代を上乗せするため、その分収入が上がる	「固定残業代が支払われているのだから帰れない」「定時に帰っていたのに、追加で仕事が与えられてもみなし残業時間を超えないと超過分が支払われず、やる気が出ない」ということがおこる
一定時間の枠内で残業代を一律計算・支給することができるため、給与計算がラクになる	設定した時間を超えてしまった場合は、給与計算が煩雑になる場合がある（特に深夜や休日出勤分なども含めた場合）

「固定残業代」を制度として導入する際には、社員にその趣旨をしっかり伝えましょう。効率よく仕事をし、みなし時間より早く帰ることを目指しましょう、と伝えることが大事です。

●固定残業の悪用と法規制

固定残業の悪用例も増えています。ある会社が、新卒社員に60時間の残業代込みの基本給を設定したところ、逆算するとその会社がある地域（都道府県）が定める最低賃金を下回ってしまった、ということでニュースにもなりました。

また、固定時間を超えて残業をした社員には、当然、超過分は支払わなければなりません。

！ 注意点

固定残業代には問題も多いことから、法律の規制が加えられています。

1　求人票への明記

「固定残業代」については2018年1月に法律が改正され、求人票を作成する際により細かい記載が求められるようになりました。

固定残業に当たる残業時間と、残業代を明記する。固定残業代を設定する場合は、「何時間分がみなし残業代として含まれるのか」を記載する必要があります。

また、固定残業時間を超過して残業をした場合には、「時間超過分は別途支給」という旨の記載が必要となります。例えば、固定残業時間を30時間とした場合、30時間を超えて残業をしたら超過分はきちんと残業代を支払う、と明記するということです。

2　「労働条件通知書」への明記

社員等を雇い入れる際に交付する労働条件通知書は、「通常の労働時間の賃金」と「残業代」の明確な区分が必要となります。

例えば、基本給に固定残業代が含まれる場合は、固定残業代に相当する時間数及び金額を明示します。

3　就業規則にも明記

固定残業代を採用する場合には、就業規則において「金額」と「時間」の両方がわかるように記載しなければなりません。

過去の裁判例では「残業に該当する時間数は就業規則に記載されているが、金額については記載されていなかった」という事案で、固定残業代の扱いを否定したものもあります。

同じ意味で、給与明細書にも区分して記載することが必要です。

40 最低賃金を下回る待遇となってしまった場合、法令違反の罰則に処されますか

●最低賃金とは

会社が社員等に支払う給与は、以下に説明する「一定額」以上でないと、法律違反になります。この一定額、つまり最低賃金は、正社員だけでなく、パートタイマーやアルバイトを含めたすべての従業員に適用されます。

最低賃金には、「地域別最低賃金」と「産業別（特定）最低賃金」の2種類があります。基本は地域別賃金です。両方に該当する場合には、どちらか高いほうが適用されます。

コンプライアンスチェック

☑ **最低賃金を下回ると罰金を科せられる**

会社と社員等との間で合意があったとしても、法律で定められた最低賃金額より低い賃金額は設定できません。地域別最低賃金以上の賃金額を支払わない場合には最低賃金法の罰則（50万円以下の罰金）が、特定（産業別）最低賃金以上の賃金額を支払わない場合には労働基準法の罰則（30万円以下の罰金）が、それぞれ適用されます。

（参考：東京都の最低賃金（2023年10月1日発効）は1,113円）

●本社と支社が違う都道府県の場合

本社に勤務する人は、本社所在地の最低賃金、支店勤務の人は支店所在地の都道府県の最低賃金が、派遣社員の場合には、派遣先の所在地の最低賃金が適用されます。

●最低賃金の計算と減額特例

最低賃金は1時間あたりの時給で定められています。したがって、月

給制や日給制の場合には、時給に換算して確認します。また、出来高制の場合にもその月の総労働時間から時間給を求めて確認します。

! 注意点

最低賃金の対象となる賃金は、通常の勤務によって支払われる通常の賃金です。したがって、時間外割増賃金等や通勤手当・家族手当・臨時に支払われる賃金などは、最低賃金の対象とはなりません。

最低賃金の対象となるもの・ならないもの

最低賃金の対象となる賃金	最低賃金の対象とならない賃金
通常の勤務によって支払われる通常の賃金	時間外割増賃金・休日割増賃金・深夜労働割増賃金、通勤手当、家族手当、臨時に支払われる賃金

2008年7月1日から、最低賃金の適用を除外する制度に代わり、新たに減額特例制度が設けられています。対象となる人は、
①精神または身体の障がいにより著しく労働能力の低い者
②試用期間中の者
③法律に基づく認定職業訓練を受ける者のうち一定の者
④軽易な業務及び断続的な労働に従事する者

 コンプライアンスチェック

☑ 完全歩合給や減額特例は要注意

1　完全歩合給でも、最低賃金が適用になります。タクシーや営業職で完全歩合給制度を採用している場合は、保障給を定めなければなりません。保障給が最低賃金を下回っていないかどうかを検証します。タクシー業も含めて保障給の目安は、休業手当で使われる平均賃金の6割とされています。

2　障がい者などの減額特例の対象者を使用している場合でも、実際に減額特例が適用されるのは、会社が、対象者それぞれについて、都道府県労働局長の許可を受けた場合だけです。

同一労働・同一賃金とは何か、いま一つわかりません

●同一労働・同一賃金とは

同一労働・同一賃金とは、「正規雇用・非正規雇用に関係なく、同じ仕事をさせているのなら、同じ賃金を支払うべき」という制度です。

2021年4月から、会社の規模を問わず適用されるようになりました。

同一労働・同一賃金のルールは、正社員と短時間・有期雇用労働者との間に適用されます。正社員（無期雇用・フルタイム）同士の待遇差や、短時間・有期雇用労働者同士の待遇差、他社の労働者との待遇差については、適用されません。

 用語解説 ➡ 正規雇用と非正規雇用

> 正規雇用とは正社員、短時間正社員（短時間勤務で無期雇用）。非正規雇用とは契約社員、パート・アルバイトなど（短時間・有期雇用）を指す。

●同一労働（同じ仕事）とは

仕事の内容に加えて、役割や責任の重さ、仕事の難易度、転勤の有無、人事異動の有無等の条件が同じである場合に、「同じ仕事（同一労働）」とみなされます。別の言い方をすると、同じ仕事であっても、合理的な違いがあれば、「同じ仕事（同一労働）」ではないということになります。

●「同一労働・同一賃金」の視点で見て問題がある場合・ない場合

賃金が高い人	賃金が低い人	同一労働・同一賃金
転勤の可能性がある	転勤はない	問題ない
業務処理量のレベルが高い	業務処理量のレベルが低い	問題ない
同じ仕事だが、フルタイム勤務	同じ仕事だが、短時間勤務	問題あり

用語解説 ➡ 均衡待遇と均等待遇

　正社員と短時間・有期雇用労働者との間で、職務の内容と配置の変更の範囲（人事異動や転勤の有無、範囲）に違いがあれば、その違いに応じて短時間・有期雇用労働者の待遇を決めることを均衡待遇といいます。また、均等待遇とは、いずれも同じであれば正社員と短時間・有期雇用労働者の待遇に差をつけてはならないことを指します（49ページ以降参照）。

●会社がとるべき同一労働・同一賃金の対策

　非正規雇用者を雇い入れている会社は、以下の対策が必要になります。
①会社で働くすべての人の雇用形態の違いを洗い出します。
②①で洗い出した雇用形態別に労働条件（賃金、賞与、手当、退職金、待遇、福利厚生、評価基準）がどのようになっているのか、一覧表を作ります。
③正規雇用と非正規雇用との間に待遇差がある場合、それが不合理なものになっていないかどうか、検証します。
④待遇差について合理的に説明ができないものがある場合には、賃金制度の見直し・社内規程の改訂・評価基準の見直しなどを行うことになります。

　会社は、非正規雇用の従業員から、正規雇用との待遇差の内容や理由について説明を求められた場合、説明する義務があります。だから、同一労働・同一賃金については、慎重に対応する必要があります。

●就業規則を整備する

　正規と非正規の待遇差などを記載した就業規則を整備しましょう。仮に待遇差があったとしても、パートなどの非正規から正社員になれる「正社員登用制度」があると、問題になりづらいようです。
　具体的には、次のような対策を講じておきましょう。
①仕事の内容などを明確に区分する。非正規社員にも人事評価制度があればなおよいといえます。
②非正規から正規への登用制度を作ると、問題になりづらいようです。

パート社員にも正社員と同じく精皆勤手当をつける必要がありますか

●同一労働・同一賃金の焦点の一つが「諸手当」

会社でいろいろな手当を設けている場合、正社員には支給されパート社員等には支給されない手当が、同一労働・同一賃金で問題になります。

これまでに問題になった手当等に関して、裁判例や厚生労働省のガイドライン等を参考にまとめてみました。

● 同一労働・同一賃金の視点で問題になった諸手当とは

役職手当	パート社員等を役職に就かせていない場合は、役職手当の支給は必要ありません
精皆勤手当	精皆勤手当も一定のルールに従って支給する
割増手当	時間外労働の抑制、過重な負荷や生活面での制限に対する代償として支給される手当の性質を踏まえて同一の割増率とする
通勤手当	出勤日数に応じた形での支給とする
単身赴任手当	パート社員等も、単身赴任を伴う人事異動を行うことがある場合は支給すべき
家族手当	パート社員等も扶養家族を有し、かつ、勤続期間が5年、10年と長期にわたる場合には、一定のルールに従って支給する
住宅手当	パート社員等は、転居を伴う人事異動がないなど、合理的な理由があれば住宅手当は不支給でもよい

※上記の記述は、会社ごとの特殊な事情は考慮していません。

●賞与や退職金について改めて整理する

本書の項目14（46ページ参照）でも触れましたが、パート社員等の賞与や退職金についてどうあるべきか、改めて整理しておきましょう。

①賞与

　賞与の目的や性質が問題になります。正社員だけに賞与が支給されていて、その賞与も基本給の何か月分という形の賞与であれば、賃金の一部として支給されている性質ですから、パート社員等に賞与がなくても問題になる可能性は少なくなります。

　「業績が良ければ賞与の上乗せがある」といった性質の賞与は、パート社員等が全く貢献していないかと言われると、明言はできません。こうしたケースでは、一定の評価基準をもとに支給するほうが良いでしょう。

②退職金

　退職金は、その法的性質等に関して、古くから見解が分かれています。

　「在職中の賃金の後払い」という考え方や、「在職中の功労に報いる」という御礼の意味合いなどです。この法的性質が、パート社員等には退職金がないケースなどでは問題になります。

　退職金についても、退職金規定などでまず、目的や法的な性質を明確にすることが大切です。裁判例でも、賃金の後払い的な性質と正社員募集の切り札的な意味合い、正社員登用制度がある等の理由でパート社員等に退職金がないケースでは不合理とは言えない、との結論が出ました。

 コンプライアンスチェック

☑ **パート社員等の賞与と退職金には細心の注意を**

　賞与や退職金に関しては、パート社員等に対して完全に支給しないことにすると「待遇差をめぐる紛争リスク」や「説明義務」等で問題になります。支給しないことにする場合は、賞与や退職金の目的・性質等を明確にし、なぜ、パート社員には支給しないのか明確に説明できるようにすることが大切です。

　待遇差がある場合には、募集の際や入社時点などの節目で就業規則等を手渡して説明する等の配慮も必要です。

私の会社は賞与が
ありませんが、労働基準法
違反ではないでしょうか

●賞与がない会社もある

　賞与がない会社も厚生労働省の調査では35％近くあります。賞与は法律で支給が義務付けられているものではありません。では、賞与がある会社は、どのような目的で支給しているのでしょうか。

　ちなみに、賞与の起源は、江戸時代の商家で年末に支給されていた餅代やお盆の小遣いだといわれています。

　それが、時代とともに利益配分や人材確保の要素を取り入れ、現在では、社員へのインセンティブとしても欠かせない制度となってきました。

●賞与の金額の決め方

　会社によってさまざまですが、代表的な決め方を紹介します。

①給与連動方式

　月給に一定の支給率を乗じて支給する方式です。月給に諸手当も含むのか、基本給だけなのか、別に設定するのかはさまざまです。

　支給率は月数とすることが一般的です。たとえば、支給率のベースを基本給の2.0か月分とし、支給対象期間における貢献度などに応じて、1.5か月から3.0か月の範囲で幅を持たせる、といった会社が多いようです。

②業績連動方式

　業績に応じて賞与の原資をあらかじめ決定し、これを支給対象期間における貢献度などに応じて配分します。①との組み合わせもあります。つまり、基本給の2か月分は保証し、プラス業績連動の賞与支給という形です。うらやましいですね。

③定額方式

　役職により、15万円から30万円、一般職一律10万円といったように

一定額を支給するものです。

●支給回数

日本では、夏季と年末の年2回の支給が一般的ですが、支給回数も会社の自由です。なお、社会保険では、年4回以上支給するものは、賞与ではなく報酬と取り扱われます。

●賞与に関する注意点

①会社が就業規則等によって賞与を支払うと決めたときは、労働条件に加わります。取り決めたのに支給しない場合は契約不履行、廃止する場合は労働条件の不利益変更に当たります。そのため、「会社の業績によっては支給しない」といった不支給事由を定めている企業が大半です。
②賞与についてトラブルが生じやすいのは、支給日在籍要件です。「支給日に在籍していること」を賞与の支給要件として就業規則等に定めてあれば、その定めは有効と判断されています。

 コンプライアンスチェック

☑ 決算賞与（通達）

決算賞与は、決算期末時点で未払いでも税務上損金に計上できるという特例があります。損金処理できる条件を確認しましょう。

1　支給額を各人別かつ同時期に支給を受ける全使用人に対して通知すること。税務調査に備え全従業員から通知書に印鑑をもらっておく

2　通知をした金額を通知した全使用人に対し、その通知した日の属する事業年度終了の日の翌日から1か月以内に支払っている

3　支給額につき通知をした日の属する事業年度において損金経理する

なお、決算賞与を支払う前に社員が退職した場合は、賞与支給の在籍日基準との問題が生じます。仕方がないとして支払うか、「支給日に在籍しない者には支給しない。ただし、決算賞与については、この限りではない」と就業規則の文言変更が必要です。

私の会社は退職金が
ありませんが、
法律上問題ありでしょうか

●退職金制度がない会社も多い

　退職金制度がなくても、法律上は問題ありません。現に東京都の調査
では、中小企業では35％の会社は退職金制度がありません。退職金は、
退職所得控除があり、税制上優遇されています。また、社会保険料もか
かりません。もっと上手に利用したほうがいいと思います。リタイア後
の資金準備としても退職金は重要です。

●退職金制度の目的や法的性質をはっきりさせる

　退職金の起源も、江戸時代にあるといわれています。奉公人が独立す
る際に、「のれん分け」を行い、独立の手助けをしていたようです。これ
が「のれん代」という現金に変わり、やがて、長年の報奨として奉公人
全員に支払われるようになったということです。

　これまでも、賃金の後払いや長年の勤務に報いる「功労報奨」等、そ
の目的や法的性質が問題になってきましたが、同一労働・同一賃金の施
行により、退職金の目的などをより明確にする必要性が出てきました。

実務の知恵

　退職金は、社会保険料の対象外です。給与なら15％程度が天引きされる
社会保険料負担がないのは魅力です。また、所得税・住民税も、退職金額
から退職所得控除額を引いた金額の2分の1が課税対象となるなど、給与や
賞与と比較すると優遇されています。

　退職金制度自体がない会社もありますが、生涯賃金の手取り額から考え
るともったいないですね。

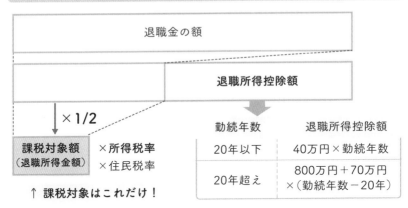

退職金にかかる所得税はこうなっている

	退職金の額	
		退職所得控除額

×1/2

課税対象額
（退職所得金額）　×所得税率
　　　　　　　　　×住民税率

↑ 課税対象はこれだけ！

勤続年数	退職所得控除額
20年以下	40万円×勤続年数
20年超え	800万円＋70万円×（勤続年数−20年）

🔍 事例研究

勤続20年、退職金額が800万円の場合、手取りはいくらになるか。

退職所得控除額が、下の計算式のカッコで囲んだ部分です。

800万円−（40万円×20）＝0→課税対象額

つまり、退職金にかかる所得税はゼロとなり、800万円満額が手取り額になります！（ちなみに、社会保険料もかかりません）

●退職金制度の見直しが必要になる会社も

　過去に、退職金制度を導入した会社では、退職金制度自体の見直しが必要になるケースもあります。

　従来ですと、例えば退職金額を退職する時の基本給に、勤続年数ごとに決められた係数を掛けて計算する仕組みを採用している会社が多かったようです。

　この仕組みは、年功序列型の賃金制度とセットで成り立ちます。つまり、退職の時点ではそれなりに基本給がアップしているため、退職金も多くもらえます。

　最近は、年功序列型の賃金から、能力などに応じた賃金制度に見直す

会社が多くなりました。そうすると、従来とは前提条件が変わるため、退職金制度自体の見直しも必要になってくるというわけです。

退職金制度には、いろいろな考え方があり、近年では「ポイント制退職金制度」に変更する会社が主流となっています。

● 主な退職金制度 ●

種類	概要	コメント
基本給連動方式	「退職時基本給 × 勤続年数対応係数など」の計算式で金額を決める方法	賃金制度の見直しとあわせて変更する会社が多くなってきた
別テーブル方式	基本給とは別の算定基準額をベースとし、これに勤続年数対応係数などを掛けて金額を決める方法	設計次第では、在職中の貢献度を反映できる
ポイント方式	在職中に累積させたポイントに単価（例えば1ポイント1万円）を乗じて金額を決める方法	在職中の貢献度を反映できる。最近はこのポイント方式が主流になってきた
定額方式	「勤続20年で500万円」等、勤続年数により金額を決める方法	シンプルでわかりやすい

 コンプライアンスチェック

☑ **退職金制度は廃止できるのか**

労働基準法では、「退職金」の支給は義務付けられていませんが、その支給要件等が就業規則等によって明確である場合には、「賃金の一種で労働の対価」という位置づけになります。退職金制度の廃止は不利益変更に当たるため、社員等の同意が必要になります。

確定拠出年金や
確定給付企業年金…
難しくてよくわかりません

●退職金制度は資金の準備がなければ絵に描いた餅

退職金制度の最大の問題点は、資金の準備です。払えるお金を準備していないと、「本業の利益」や「社内積み立て金」から退職金を支払うことになります。

会社の中に退職金の積み立てができ、それを損金処理する会計上の仕組み(退職給与引当金制度)がなくなったため、利益を出して、法人税等をそこから30 〜 40%支払い、その残りで退職金の資金を作ることになります。これはなかなかハードルが高いため、経費で落とせて退職金の資金準備ができる仕組みが重宝されます。具体的には下記の通りです。

●企業が退職金制度として利用できる制度

制度名称	中小企業退職金 共済制度	確定給付企業年金 (規約型・基金型)	確定拠出年金 (企業型)
掛金	全額事業主負担	全額事業主負担	全額事業主負担※
資産運用等	共済制度運営者が行う	信託会社、生命保険会社等	個人が運用商品を選択し運用

※社員が拠出できるマッチング拠出等もあります。

いずれも難しそうな名称ですが、導入すると意外に簡単です。まずは、運営する機関などに相談するのが良いと思います。

●活用したい確定拠出年金

中小企業においては、退職金制度の水準が低く十分に老後の生活保障としての役割を果たせない可能性があります。

そのため、従業員の自助努力による資産形成の手段として、個人型の

確定拠出年金（イデコ）が注目を集めています。近年、政府が資産所得倍増を謳い文句に、ニーサ（NISA）とともに、イデコについても改革に乗り出しており、利用者は増加傾向にあります。

用語解説 ➡ 個人型の確定拠出年金（イデコ）

確定拠出年金の一種。基本的に加入の申込、掛金の拠出、掛金の運用のすべてを加入者本人が行い、掛金とその運用益との合計額をもとに給付を受け取ることができる制度です。

近年、政府が力を入れて加入者の範囲の拡大などを図っており、前ページの図表で紹介した制度との同時加入も可能となっています。

また、企業型の確定拠出年金、確定給付企業年金を実施していない中小企業限定ですが、イデコに加入している従業員が拠出する加入者掛金に追加して、事業主が掛金を拠出できる「イデコプラス」という制度も設けられています。

●前払い選択制とは

前払い選択制は確定拠出年金制度の導入に際して多くの会社が取り入れた仕組みです。賃金規程等を変更し、給与で受け取るか、退職金で受け取るのか選ぶ手当（前払い選択制退職金）を設定します。

例えば、「基本給30万円、ライフプラン手当（名称はさまざまです）3万円」とし、ライフプラン手当3万円に関しては、その金額の範囲内で給与として受け取るか退職金として受け取るのかを選択できるようにして、1年に1回等変更の機会を設けます。

3万円のライフプラン手当のうち、1万円を退職金として選択した場合は、その1万円が確定拠出年金への掛け金となります。給与としては、基本給30万円＋ライフプラン手当2万円の合計32万円となります。

こうしたケースでは給与額が下がるため、税金や社会保険料が低くなるメリットもあるものの、導入には社員への十分な説明が必要です。

第4章

休暇と休職・復職
について

有給休暇で、トラブル勃発！
ピンチです

先生、大変です！　今月退職する社員が、残りの出勤日に有給休暇の取得を申請して、引継ぎができないんです。しかも、退職代行会社を通じて、退職届を出してきたんです。社長も怒っていて……どうすればいいのでしょう。

ほぅ、今はやりの退職代行会社ですね。困ったものです。昔は、『立つ鳥跡を濁さず』と言って、キチンと引継ぎをして円満に辞めるケースがほとんどでしたが、最近は、冷たいものですね。改めて、引継ぎをしっかりやるように通知したらどうですか。

本人に直接連絡することができなくて、退職代行会社に通知したほうがいいでしょうか。

ふむふむ、弁護士さんが代理してますね。では、その代理人に引継ぎの件を通知しましょう。

でも、引継ぎはきちんと行われますかね？

就業規則には、引継ぎの義務などについて、ちゃんと記載がありますか？　あるいは、入社時に誓約書など取っていますか？

そんなこと知りません。私だって新入社員とそう変わらないですから。実は、まだあるんです、問題が。メンタル不調で先週から有休をとっていた社員が、そのまま休職したいと言い出して。

その社員は、診断書など必要な書類は提出してきたのですか？

診断書を提出するように依頼したんですが、お金がないと言っていて……。お医者さんに診断書を書いてもらうには、お金が必要ですよね。誰が負担するのですか？

就業規則に書いてありませんか？

書いてありません。労働基準法とか、法律ではどのように決められているのでしょうか？

労働基準法に休職の規定はありませんよ（汗）。休職自体、会社が任意で取り入れる仕組みなので、トラブルにならないように細部にわたって就業規則に記載しておく必要がありますからね。

そうなんですか！　どうしよう（汗）。

最近は、メンタルの不調を訴える社員が多くなり、就業規則の休職・復職の規定について相談を受けるケースが増えています。詳しい記載がなければ話し合いで解決するしかないですね。

就業規則って、意外に大切なんですね……。

会社と社員がもめないためにも、就業規則はとても大切です。一昔前までは、性善説でなんとか会社も運営できましたが、今は、社員の権利主張が激しくなってきたので、誤解がないように規程を整備する必要があります。

まだまだ、勉強することが多いのですね。熱が出そうです……。

その程度のことでは、休職はできませんよ（苦笑）。頑張ってくださいね！

新入社員に有給休暇を最初から与えてもいいのでしょうか

●有給休暇（年次有給休暇）とは？

有給休暇は、会社を休んでも賃金の支払いを受けられる休暇日のことで、労働基準法に定められています。「有休」「年休」「年次休暇」といった名称で呼ばれることもあります。

有給休暇は、以下の2つを満たせば、発生します。

①雇入れの日から6か月継続勤務している（継続勤務）

②全労働日の8割以上出勤している（出勤率）

「継続勤務」とは在籍期間のことです。定年退職者を再雇用したケースでは、継続勤務として取り扱うことになっているため注意が必要です。

●有給休暇の日数は

法律上は、入社6か月後に10日の有給休暇が発生します。その後は1年ごとに有給休暇が発生していくことになりますが、付与日数も勤続年数が上がるごとに徐々に増え、下の表のようになります。

なお、日数には上限があります。入社後、6年6か月で20日になった後は、何年継続勤務をしても有給休暇は20日しか発生しません。

● 有給休暇の付与日数は継続勤務年数に応じて増える ●

継続勤務年数	6か月	1年6か月	2年6か月	3年6か月	4年6か月	5年6か月	6年6か月
付与日数	10労働日	11労働日	12労働日	14労働日	16労働日	18労働日	20労働日

コンプライアンスチェック

☑ **正社員なのに毎年5日しか有休を与えない会社は違法か**

　法定の有給休暇の付与日数を下回っていますから違法です。

　ちなみに、「入社した段階で10日付与する」という会社は、法定の基準（6か月経過した段階で発生）を上回っているため問題ありません。大手企業では、法定の2倍近くの有休が設定されているケースもあります。

 用語解説 ➡ 出勤率8割

　出勤率は、「全労働日に占める出勤した日の割合（出勤した日÷全労働日）」です。全労働日とは、暦日数から所定休日を除いた日数です。また、下記の取り扱いにも注意しましょう。

1　出勤率の計算上、出勤扱いとする期間
　ア　業務上の負傷・疾病による療養のため休業した期間
　イ　産前産後の女性が、労働基準法の規定によって休業した期間
　ウ　育児・介護休業法の規定による育児休業・介護休業をした期間
　エ　年次有給休暇を取得した日
　オ　社員が会社から正当な理由なく就労を拒まれたために就労できなかった日。例えば、裁判所の判決により解雇が無効と確定した場合の解雇日から復職日までの不就労日

2　出勤率の計算上、全労働日から除かれる日
　ア　不可抗力により休業した日
　イ　休日労働させた日
　ウ　使用者の責に帰すべき事由により休業した日
　エ　正当なストライキ、その他正当な争議行為により労務の提供がなかった日
　オ　休職制度がある会社で、休職した日

47 重要な会議に出席させるため、社員の有休申請を拒否することはできますか

●会社側は有休の理由を聞き出すことはできない

有給休暇は、働く人の当然の権利ですから、その取得について会社の許可等を得る必要はありません。

「温泉旅行に行きますから有休使います」

「温泉と会議とどちらが重要かわかるよな！」

といったように、取得理由によって有休を拒否することはできません。

しかし、その日に出勤しなければ、会社が多額の損失を被るようなケースでは、会社側は「別の日に有休を取得してもらう」こともできないわけではありません。これを「時季変更権」といいます。

 用語解説 ➡ 時季変更権

この時季変更権は訴訟になる件数が非常に多いのが実情です。

「会議があるので出席しろ」といった程度では認められません。事業の正常な運営に支障をきたす場合という点については、その社員が所属する事業所の規模や本人の担当業務、他の労働者への代替の難易度などから総合的に判断されます。

裁判例ではかなりハードルが高く設定されています。つまり、時季変更権はむやみに行使することはできないので、注意が必要です。

 コンプライアンスチェック

☑ 社員に有給休暇を与えない会社は違法

１　社員に有給休暇を与えない契約は違法です

例えば、「会社が社員に対して年次有給休暇を買い上げることを条件に、年次有給休暇の日数を減らす」ことは違法です。

2 有給休暇は、有期雇用の人にも発生する

　1年契約で正社員と同じ日数と時間働くような契約社員も条件を満たせば、つまり、6か月継続勤務し8割以上の出勤率をクリアすれば、勤務日数に応じた有給休暇が発生します（136ページ参照）。

　会社がこうした条件を満たす社員に有休を付与しない、つまり、労働基準法に違反をすれば、懲役6か月または30万円以下の罰金が科せられます。

実務の知恵

　有給休暇はその管理が煩雑であり、社員やアルバイトが多いと膨大な手間がかかります。そこで、多くの会社で導入されているのが、年次有給休暇の一斉管理。具体的には、基準日を設定して一斉に管理する方法です。

　たとえば、4月1日を基準日とした場合、1月1日入社の労働者は6か月経過していませんが、週5日勤務の場合、最初の4月1日に10日の年次有給休暇を付与します。

　また、年1回の基準日設定では入社日によって不公平になると判断した場合、基準日を年に2、3回設定することも可能です。

●有給休暇の時効は2年

　有給休暇には時効があり、権利が発生した日から2年で権利がなくなります。

事例研究

　6か月経過後に発生した有給休暇10日を1年間で3日消化して1年が経過した場合。7日の有休の残日数に、その後1年経過すると11日の有給休暇が発生するため、合計で18日の有期休暇が発生します。この状況で有給休暇を1日取得した場合に、繰り越された分の有給休暇なのか、新しく発生した分の有給休暇なのか、という問題があります。就業規則等に特に定めがなければ、繰り越された分の消化となります。

「子供を病院に連れていくため3時間休みます」という理由で有休申請を受けました…

●法律で与えることが義務付けられている休暇とは

　有給休暇のほかにも、法律に基づき、会社の義務として、社員に与えなければならない休暇・休業等（ここでは「休暇」とします）がいくつかあります。

　その目的は、社員の働きすぎの防止（リフレッシュ）、子育てや介護をする社員への配慮です。

　会社は、これらの休暇をルール化し、基本的に、社員が希望したときには、休暇を与える必要があります。なお、休暇を取得できる期間や日数には、法律で上限が設けられています。

　その期間や時間に、給与を支払う必要があるか否か（有給か無給か）については、有給休暇を除くと、法律上は無給でよいことになっています。どんな休暇があるのか、以下にまとめてみました。

子の看護休暇

小学校入学前の子を養育する人

1年間で5日、子供が2人以上いる場合には年間10日を上限として時間単位で取得できる

☑ 2021年から時間単位で取得できるようになった。

介護休暇

要介護状態の家族の介護を行う社員が休暇を取れる制度

年間5日まで。家庭内に要介護状態の対象家族が2人以上いる場合には、年間10日まで

☑ 2021年から時間単位で取得できるようになった。

生理休暇

生理による体調不良などで働くことが非常に難しい場合	➡	日数単位、半日、時間単位で取得することができる

☑生理休暇を申請するとき、医師の診断書を提出する必要はない。

育児時間

1歳未満の子供を育てる女性労働者	➡	1日2回、それぞれ30分以上子育てのための時間を請求できる

☑ 女性労働者のみ、時間は制限されていない。

産前・産後休暇

出産前と出産後の女性に認められる休業期間	➡	出産前6週間（双子などの多胎妊娠の場合は14週間）と出産後8週間に休暇を請求できる

☑ 産後6週間は働かせることができない。

 実務の知恵

　法律で規定されている休暇等を取得した場合、「ノーワーク・ノーペイの原則」から、基本は無給となります。しかし、近年は、子育てや介護の支援という観点から有給とする会社も出てきました。

　労働力人口が減少していく時代ですから、現在働いている人が長く働ける仕組み作りが大切です。

著者からひと言

　ここ数年、育児・介護休業法の改正などにより、子育て支援策の充実が図られています。

　2025年4月からの改正も予定されており、たとえば、子の看護休暇については、対象となる子の範囲が、「小学校3年生まで」に拡大されることになりそうです。動向に注目です。

アルバイトや契約社員にも正社員と同様の有給休暇を与える必要がありますか

●アルバイトやパート社員の有給休暇

　有給休暇は、正社員にだけ付与されるものではありません。パート社員やアルバイト、契約社員にも条件を満たせば当然の権利として発生します。

　パート社員等は、正社員と比較して働く時間や日数が少ないため、所定労働日数に応じた有給休暇が付与されます。この仕組みを比例付与といいます。

比例付与対象者（次の①及び②の両方の要件を満たしている場合）

① 週所定労働時間数が30時間未満である者

② 週所定労働日数が４日以下の者（週以外の期間で所定労働日数が定められている場合には、年間の所定労働日数が216日以下の者）

比例付与の有給休暇の日数計算式（小数点以下切捨て）

$$通常の労働者の付与日数 \times \frac{比例付与対象者の週所定労働日数}{通常の労働者の週所定労働日数（5.2日）}$$

🔍 事例研究

　次ページの上の図表を見てください。Ａさん、Ｂさん、Ｃさん、Ｄさんが、それぞれ、６か月継続勤務して出勤率を満たした場合に、有給休暇を何日間与えないといけないのでしょうか。

● 労働日数と所定労働時間 ●

	1週間の 労働日数	1日の 所定労働時間	1週間の 所定労働時間
Aさん	5日	7時間	35時間
Bさん	4日	8時間	32時間
Cさん	4日	7時間	28時間
Dさん	3日	8時間	24時間

　AさんとBさんの有給休暇は比例付与ではなく、通常の付与日数となり10日になります。Aさんは1週5日勤務で35時間働いていますし、Bさんも1週32時間で30時間未満ではないので、比例付与の条件を満たしていません。

　一方で、CさんとDさんは比例付与になります。

計算式

Cさん　10 × 4/5.2 ＝ 7.69……（切り捨て）→7日

Dさん　10 × 3/5.2 ＝ 5.76……（切り捨て）→5日

● パート社員等の有休日数を確認しよう ●

週所定 労働日数	年間 労働日数	継続勤務年数						
		6か月	1年 6か月	2年 6か月	3年 6か月	4年 6か月	5年 6か月	6年 6か月
4日	169〜216日	7日	8日	9日	10日	12日	13日	15日
3日	121〜168日	5日	6日	6日	8日	9日	10日	11日
2日	73〜120日	3日	4日	4日	5日	6日	6日	7日
1日	48〜72日	1日	2日	2日	2日	3日	3日	3日

●注意点いろいろ

①パート社員の出勤日数が途中で変わった場合

あくまでも、「基準日」、つまり有給休暇が発生する日で決まります。途中で変わっても変更はありません。

②パートから正社員になった場合

パート社員から社員に変わった時点では、すでに付与されている有給休暇の日数がそのまま引き継がれ、社員としての1日の所定労働時間分の休暇が与えられます。

また、その後、付与日にはパート社員として採用された日から通算した勤続年数をもとに付与されることになります。逆に、社員からパート社員になった場合でも、すでに付与されている有給休暇はそのまま引き継がれます。

ちなみに、パート社員から社員に転換する際に、一度形式的に退社した場合でも、有給休暇算定上の勤続年数は通算して計算します。

● パート社員から正社員になった場合の有休の日数 ●

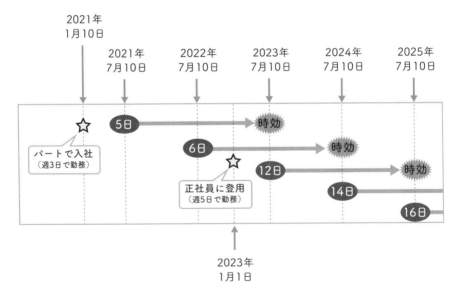

私の会社には時間単位で有給休暇を取らせる制度がありませんが…

●時間単位の有給休暇が認められているが…

有給休暇は原則として1日単位ですが、労使協定の締結により、年5日の範囲内で、時間単位での取得もできます（以下、時間単位有給休暇とします）。

時間単位有給休暇は病気のための通院や、家族の介護など、事情に応じて柔軟に取得できるため、働く人にとっては大変便利な制度です。

しかし、会社サイドにとっては面倒ともいえます。例えば、所定労働時間が8時間の会社で、時間単位は1時間単位、5日を限度とした場合には、8×5日＝40時間、つまり、時間単位有給休暇だけで最大40回も管理が必要になるのです。このように、時間単位有給休暇を導入する場合には、管理の手間を考えることも必要です。

●労使協定で定めるべきこと

①対象者

限定することはできません。例えば、「育児や介護を行う労働者」など、取得目的などによって対象範囲を定めることはできません。

②時間単位有給休暇の日数

1年5日以内の範囲で定めます。

③時間単位有給休暇1日分の時間数

1日分の有給休暇が何時間分の時間単位有給休暇に相当するかを定めます。例えば、所定労働時間が1日7時間30分の場合は8時間となります。

④1時間以外の時間を単位として与える場合の時間数

2時間単位など、1日の所定労働時間を上回らない整数の時間を単位

として定めます。

実務の知恵

おススメしたいのが、半日単位有給休暇です。実際に、就業規則で半日単位の有休取得を認めている会社もあります。

時間単位よりは管理がラクで、働く人にとっても便利な仕組みです。昼休みを区切りとして、午前休と午後休に分けるパターンと、所定労働時間を半分に区切る（8時間の場合は、4時間で区切る）パターンがあります。

●有給休暇の計画的付与制度

就業規則の見直しのコンサルティングで私が必ず提案するのが、「有休の計画的付与」です。

これは、労使協定を締結することで、会社が社員の有給休暇の取得日を指定することができる仕組みです。5日を超える有給休暇分に関して指定できます。逆に言えば5日は社員が自由に使えるという意味です。

例えば、私の会社では、ゴールデンウィークの前半と後半の合間の平日を社員の希望も聞きながら有給休暇に指定します。また、12月28日や1月4日が平日の場合は、計画的付与で休みにします。

会社が有給休暇を指定することで、計画的に消化できるというメリットもありますが、社員によっては、「会社に時季を指定されることなく自由に使いたい」という人もいるでしょう。なので、導入する際には、会社の計画的付与日数を2～3日程度にすることをおススメしています。

コンプライアンスチェック

☑ **有給休暇の権利がない新入社員にも留意する**

社員全員に計画的付与をする場合、入社間もない人のような有給休暇が発生していない人には特別休暇を与えるなど、細やかな配慮が必要になります。

有給休暇を年間で5日取得させないと罰金を取られると聞きましたが、本当ですか

●有給休暇の5日取得義務制度

　2019年4月からすべての会社で、「年10日以上の有給休暇が付与される労働者に対して、有給休暇の日数のうち年5日については、会社が時季を指定して取得させる」ことが必要となっています。

　これが、「有給休暇の5日取得義務化」です。有給休暇の取得率が50%程度にとどまる我が国の状況を踏まえて、有休の取得率アップのために強制化されたのです。

　有休の5日取得義務は、管理監督者やパート・アルバイトといった有期契約で働く人も対象になりますが、有給休暇の権利を10日以上付与されていることが条件になります。

　例えば、週2日以下で働くパートの場合は、6年半以上働いていても有休は7日以下となりますから、対象とはなりません。一方で、週4日勤務のパートは、3年半以上勤務すると10日の有給休暇が発生しますから、この時点で対象となります。注意が必要です。

◆パート社員等で5日取得義務の対象になるのは有休10日以上の人

週所定労働日数	年間労働日数	継続勤務年数						
		6か月	1年6か月	2年6か月	3年6か月	4年6か月	5年6か月	6年6か月
4日	169〜216日	7日	8日	9日	10日	12日	13日	15日
3日	121〜168日	5日	6日	6日	8日	9日	10日	11日
2日	73〜120日	3日	4日	4日	5日	6日	6日	7日
1日	48〜72日	1日	2日	2日	2日	3日	3日	3日

●有休の時季指定とは

「1年間に5日」とは、社員ごとに有給休暇が付与された日、つまり有給休暇の基準日から1年以内に5日という意味です。

時季の指定とは、文字通り、「○月○日に休んでください」と指定することです。会社が時季指定を行う際は、社員の意見を聞き、その意見を尊重するよう努めなければならないとされています。

すでに有給休暇を5日取得している社員等に対しては、時季指定はできません。

! 注意点

会社は、働く人ごとに年次有給休暇の記録を適切に管理する「年次有給休暇管理簿」を作成し、3年間保存しなければならないことになりました。

😀 コンプライアンスチェック

☑ **有休を取得させない会社には厳しい罰則が**

A　年5日の年次有給休暇を取得させなかった場合

B　使用者による時季指定を行う場合において、就業規則に記載していない場合

C　労働者の請求する時季に所定の年次有給休暇を与えなかった場合

それぞれに罰則が科せられます。

AとBは、30万円以下の罰金、Cは6か月以下の懲役または30万円以下の罰金です。

Aに関しては、対象社員等1人につき1罪として取り扱われるため、5日取得していない社員等が5人いる場合には、なんと最大で5人×30万円＝150万円の罰金となります。

休職・復職

52 休職制度は労働基準法に定められた仕組みでしょうか

● 休職制度は誰のためにあるのか

休職とは、社員の都合で会社を長期的に休むことです。この場合、労働契約は継続されますが、労働の義務が免除される状態になります。

ちなみに、休職は法律には明確な規定がありません。休職制度自体がない会社もあります。

会社が休職制度を作るメリットは何でしょう。例えば、社員が休日にスキーに行って転倒し、半年以上の入院が必要になったケースで考えてみましょう。

社員側としては、有給休暇があれば、まず使っても良いでしょう。しかし、使い果たした状態で業務ができない期間が長期にわたれば、解雇ということになります。

では、何か月待てば会社は解雇が正当化されるのでしょう。休職制度があれば、私傷病（後で説明します）のケースで6か月を休職と定め、「復職できない場合は自動退職」とすれば、解雇のトラブルを一応避けることができます。

このように、休職制度とは会社にも社員にも解雇に関しての一定の猶予期間を与える仕組み、という理解がいいと思います。

実務の知恵

休職理由でトラブルに発展するケースが、多くなっています。休職はあくまで会社が命じるもので、一定の判断も必要です。そこで、休職の理由は限定的にして、就業規則等に列挙するのが良いといえます。

1　傷病休職

会社の業務で病気やケガをした場合（労災事故）には、会社が全責任を負

うことになります。休職制度における傷病休職は、会社の業務とは関係のない病気やケガで働けなくなった(私傷病)場合とします。

2　会社の命令により出向したとき

3　前各号のほか、特別の事情があって休職させることが適当と会社が認めたとき

●休職はあくまでも会社判断と決めておく

先ほども説明したように、休職については会社が命じることができるケースをあらかじめ規定しておくべきですが、その前提として、「会社が一定の事情を考慮して、休職を命じることがある」という規定にしておくことが大切です。

もし、「一定の事情の場合は、休職をすることができる」としてしまうと、休職が社員の権利になってしまいます。ドライな言い方をすれば、あくまでも、休職は解雇猶予期間という認識を持つことが大切です。

規定例

社員が、次の各号のいずれかに該当した時は、会社の判断で休職を命じることができる。ただし、復職の見込みがない場合を除く。

1　業務外の傷病により労務不能の日数が、休日を含め連続7日間を超える、又は、最初の欠勤日より起算し暦日の出勤率が3割に満たないなど、業務に支障をきたす場合。

2　精神又は身体上の疾患により労務提供が不完全である場合。

3　その他業務上の必要性又は特別の事情により休職させることが適当であると認めるとき。

☑会社側の判断で休職を命じるという規定になっています。

☑復職の見込みがない場合を除いています。

☑休職を命じる具体的な事情を具体的に記載しています。

53 休職期間は会社側が 自由に決められますか

●休職期間は自由に決められるのか

休職期間についても、法律上の規制はありません。長すぎるのも問題ですし、逆に短すぎるのも解雇猶予という観点からは問題があります。長めに設定している会社では、最長で1年6か月という例もあります。これは、休職期間中の給与との関係からです。

休職期間中はノーワーク・ノーペイの原則から給与の支払い義務はありません。私傷病のケースでは健康保険にある「傷病手当金」を活用します。これは、休む前の給与の約3分の2が支給される仕組みです。

傷病手当金は労務不能と認められれば、最長で1年6か月支給されます。

 実務の知恵

私は顧問先から相談を受けた場合、休職期間については、下記のように割と短めの期間設定をおススメしています。

その代わり、休職期間の延長規定を設けることにより、「この社員には復帰してもらいたいので融通をきかせたい」というケースにも対応できるようにしています。

◉ 休職期間の規定例 ◉

勤続期間	休職期間
勤続1年未満	1か月
勤続1年以上3年未満	3か月
勤続3年以上	6か月

著者からひと言

　驚くことに、私が相談を受けた大手企業では、通算で８年、あるいは10年も休職している社員がいました。休職期間は最長で２年なのですが、１年10か月たつと復職し、また、具合が悪くなるということを繰り返していました。

　この会社では、休職期間中も休む前の給与の８割が支給されているのです。残念ながら、休職制度を悪用しているとしか思えない事例です。その他にも、公務員で６年近く休職し、その期間中に不動産業をやっていたというケースも話題になりました。

●休職期間の通算規定を設ける

　近年は、メンタルの不調で休職をする社員が増えています。メンタル不調のケースでは、休職と復職を繰り返すという例が非常に多く、会社側としても対応に苦慮します。

　そこで重要なのが、休職期間の通算規定です。

規定例

　私傷病により休職を命じられた者が、休職期間満了前に復職した場合で、復職後、1年以内に再び<u>私傷病により休職する場合</u>には休職期間は中断せず、前後の期間を通算する。

　これは、私傷病のケースで休職を繰り返す社員への対策規定です。特に下線の部分は「当該休職事由と同一ないし類似の事由」という規定例も見られますが、「同一ないし類似」という限定をすると、「右手を骨折して休職」と「足を骨折して休職」は、「同一」なのか「類似」なのか判断に苦しむ場面も出てきます。限定しない規定のほうがトラブルは防げます。

54 休職の際に診断書が必要と聞きましたが、費用は会社負担でしょうか

●私傷病休職の際には医師の診断書が必要

私傷病休職の場合、本当に労務不能なのかどうかを確認する必要があります。そこで、休職の判断には、専門の医師に疾病性を見極めてもらうことが必要となり、診断書の提出を義務付けることになります。

近年のメンタル不調に基づく休職では、診断書に「自律神経失調症」と記載されているケースが多くあります。これだけでは、労務不能かどうかわかりません。

実務の知恵

診断書のフォームは会社側が用意しましょう。

休職を命令する前提として、どのような病名なのか、「〇か月間（もしくは〇日間）の加療・休養を要する」のか、どういった仕事はできないのか等を把握する必要があるため、会社でフォーマットを作り、そのフォームに沿った診断書を書いてもらうことをおススメします。

●必要があれば会社指定の医師の受診を命令する

メンタルの不調者に、精神科もしくは診療内科の受診を促す場合、会社から受診する医師・医療機関を指定することも可能です。

指定する場合は、「指定した医師・医療機関を受診しないと休職扱いにならない」ことを、あらかじめ就業規則に定めておく必要があります。

就業規則に記載があれば、社員が指定の医療機関を受診しない場合、休職を命じることなく解雇手続きに移行しても問題はありません。しかし記載がない場合は、休職に条件をつけることができないため、受診を強制することはできません。

また、メンタル不調に限らず、ケガや病気については回復までに個人差があるため、休職期間が終わりに近づいていても、復職ができるまでに回復していない場合もあります。

そのような際は、再度診断書を作成してもらい、診断書の指示をもとに休職を延長するようにしましょう。

●診断書代はだれが負担するのか？

当然ですが、診断書は有料です。医療機関ごとに金額が異なりますが、1通3,000 ～ 5,000円くらいが一般的です。

この費用を個人負担か会社負担とするかは、会社が自由に決められます。私傷病での休養による休職は、個人都合ですから個人負担としているケースが多いようです。

個人負担の場合は、金銭的なトラブルになるケースもあるため、あらかじめ就業規則にルールとして定めておきましょう。

●休職制度を積極的に活用する

最近では、企業の社会的責任として、次のような仕組みを設け、積極的に休職制度を活用する会社も多くなってきました。

①ボランティア休職

災害の復興支援や、社会福祉施設や青年海外協力隊での奉仕活動などに取り組みたいと思う社員に対して、一定期間の自己都合休職を認める仕組みです。ボランティアの休暇や休業を認め、その間の給与や賞与を保障する会社もあります。

②留学休職

海外留学となると会社を辞めざるをえないことにもなりかねません。

留学休職制度があれば、キャリアを中断せず、留学を終えたらまた元の職場に戻って、留学で習得した能力を生かして活躍できます。

ボランティアや留学に取り組む社員には意識の高い人が多く、こうした休職制度を設けることは、優秀な人材の確保にもつながります。

55 休職期間中も社会保険料を支払わなければなりませんか

●誤解が多い、休職期間中の社会保険料

休職中であっても健康保険の被保険者としての身分は継続します。身分が継続するため、病気休職期間中でも健康保険証を使って病院に行けるわけです。

したがって、休職中の社員はもちろん、会社も当然に保険料を支払わなければなりません。

●休職期間中はノーワーク・ノーペイで給与は支払われない

会社が休職中の社員に対して給与を支払う義務はありません。したがって、休職中は無給とするのが一般的です。

「休職して、給与ももらえないのに社会保険料を負担しなければならないのでしょうか」と社員はとらえがちです。休職期間中の社会保険料負担はトラブルになるケースが多いため、実務上の取扱いとしては、

①毎月、社員から会社へ自己負担分を振り込むよう依頼する
②会社側がいったん立替払いをし、復帰後にまとめて社員に請求する

など、就業規則等の規定に従います。その規定がないと、トラブルに発展しかねないため、確認しましょう。規定があっても、休職に入る社員に対して説明をして、できれば同意書を取ることをおススメします。

●休職して、給与ゼロでも社会保険料は減額されません

病気等による休職は「一時的な現象」であり、継続的な理由とはみなされません。したがって、社会保険料の改定（随時改定（月額変更））の要件には該当しないこととなり、休職前の標準報酬月額に基づいた保険料を支払わなければなりません。

　151ページでも説明しましたが、健康保険の傷病手当金は、業務外のケガや病気（私傷病）の療養のために会社を休むときに受け取ることができる給付です。対象にはうつなどの心の病気も含まれます。

　傷病手当金は、3日連続して休んだ後4日目から最長1年6か月、給料（標準報酬月額）の3分の2相当額を受け取ることができます。休職に入る社員に対して、その内容と手続きをしっかり説明してあげましょう。

●復職もトラブルが多い

　休職中の社員は休職期間が残り少なくなると、復職できなければ退職になる可能性も出てきます。そこで、無理をして復職を希望してくることになります。

　会社側としては、「復職は無理だ」と考えても、本人は「復職可能だ」ということで、意見が分かれトラブルになるケースも多くあります。

　この「復職の可否」に関しては裁判となって争われた例も多く、その際に会社の対応が問題になることがあります。裁判でも引用されているのが、厚生労働省が作成している「心の健康問題により休業した労働者の職場復帰支援の手引き」です。次の5つのステップを踏むことが示されていますので、参考にされるとよいでしょう。

厚生労働省が推奨する復職「5つのステップ」

第1ステップ	病気休業開始及び休業中のケア
第2ステップ	主治医による職場復帰可能の判断
第3ステップ	職場復帰の可否の判断及び職場復帰支援プランの作成
第4ステップ	最終的な職場復帰の決定

職場復帰

第5ステップ	職場復帰後のフォローアップ

出典：厚生労働省「心の健康問題により休業した労働者の職場復帰支援の手引き」

第 5 章

服務規程、
社員とのあつれき、
ハラスメントについて

ダイアローグ

LINE や Facebook が
トラブルの入り口になることが…

先生、ロードバイクに乗られるんでしたよね。これ見てください！うちの若手のホープの Facebook。ロードバイクで通勤しています。目立たないようにと倉庫の中に止めてるんですけど、かっこいいですよね！

あれっ、後ろに荷物があって、発送先の会社名が書いてありますね。しかも、その後ろにも商品がずらり（驚）。

何か問題でも？　このバイクっていくらぐらいするのかな。かっこいいなぁーーー！

問題、大ありですよ！　まず、御社は自転車通勤を許可していますか？　倉庫内部の写真に、企業秘密とかが写っていませんか？

自転車通勤って一時ブームだったし、何が問題なんですか？なんでもかんでも就業規則に書かないといけないんですか。ただ、倉庫内部の写真は、企業秘密があるのかもしれませんが……。

いわゆるSNS問題ですね。投稿する際には会社の秘密事項などが漏れないように、という社員教育が必要ですよ。

そうなんですね。軽く考えていました（苦笑）。SNS といえば、先生もLINEとかやるんですか。スタンプとかはしないですよね。

LINE はするし、スタンプも持ってます。友達申請しましょうか？

（軽〜くスルー）そういえば、同僚の女性社員が、上司から頻繁にLINEが来て食事に誘われるって、困っているみたいです。

それも問題ですね。度が過ぎると、セクハラにもなりかねません。

そうですよね。どうしたらいいですか？

ハラスメント関係の研修などは、やっていますか？

私が入社してからは、ないです。

ハラスメント関係もそうですが、御社の場合、服務の基本など、これは当たり前だろうと思うレベルのことから、研修等でしっかり説明したほうがよさそうですね。今までの常識が通用しなくなっていることも多いですから。例えば、喫煙のこととかも。

そうですね。うちの会社にも頻繁に喫煙所に行く社員がいて、さぼっているのかなと思うことがあります。就業時間中は禁煙とするというのはいいですね。

昔は普通にタバコを吸いながら仕事をしていたのが、受動喫煙などの問題で、就業時間中は禁煙とする会社も多くなりました。あと、最近では、社員の副業などにも注意する必要があります。ちなみに、メルカリとかで洋服とか売ったことあります？

ありますよ。よく使ってます。えっ、それって副業なんですか？

うーん、ケースによっては副業に当たる場合もありますよ。

いろいろと考えなければならないことが多くて‥‥大変だぁ‥‥。

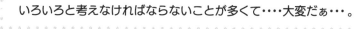

タバコを頻繁に吸いに行く社員にどう注意したらいいですか

●勤務時間中は禁煙の会社が増えている

近年、喫煙者と非喫煙者とのトラブルの増加などをうけて、「勤務時間中は禁煙」とする会社も出てきました。

喫煙場所が減って、タバコを吸うためにビルの8階のオフィスから1階の喫煙場所に行くだけでも時間がかかり、1本吸うと、10分さぼっているということにもなります（もっとも、喫煙者は「喫煙しながら業務の構想などを練っていた」などと反論するかもしれませんが……）。

会社としては、休憩時間に限り所定の場所で吸うなど、喫煙のルールを社員等に周知徹底することが必要です。

喫煙は一例ですが、会社で働く上でのルールのうち、服務関係が近年重要になってきました。服務に関しては、就業規則に記載することになりますが、より詳しく、さらに、時代の変化とともにアップデートすることが大切です。この章では自転車通勤やSNS問題などについて触れます。

●当たり前の職務専念義務をどう守らせるか

喫煙の問題もそうですが、勤務時間中にパチンコ屋に寄っていた、仕事中に居眠りをしていた等、会社における問題社員の行動の多くが職務専念義務違反となります。

規定例

　勤務時間中は、仕事に専念し、会社の許可なく職場を離れ、または、他の社員にとって仕事の支障となる等の行為をしないこと。

問題を起こした社員に対しては、適切な懲戒処分を与えることにより、

再発防止を図ります。

 実務の知恵

　問題社員の問題行動は面談し記録を残しておきましょう。

　問題社員が問題を起こした場合に、上司が1対1で注意することがありますが、1対1ですと感情的になり、仮に言い合いになって暴言を吐いたり、最悪の場合、手が出たりすると、逆にパワハラで訴えられるといったことも考えられます。

　私がおススメしているのは面談です。問題社員とその上司、さらに人事部の担当者を交えて、以下の流れで進めます。

1　事実関係を確認する。特に、サボっていた事実をしっかり押さえる

2　その場で面談の記録を取る

3　さらに、面談記録を印刷して、事実であったことのサインなどをさせる

　この書面を取るということが最も重要です。

　とかく、社員等が問題を起こした場合は、「始末書」等を提出させることになりがちですが、最近は、「始末書は思想信条の自由に反する」等と言って拒んでくる社員もいます。

　こうしたケースで後々モノをいうのは、証拠なのです。本人に書かせることなどにこだわらず、会社が用意した書面に署名してもらいます。

　最終的に解雇で争いが生じた場合には、裁判は書面中心に審理が行われます。そこでは、「お詫びの気持ち」より「証拠」が重視されるということです。

用語解説 ➡ 始末書

　始末書とは、仕事上でのミスや不始末を起こしたり、あるいは、トラブルが生じた際、会社に対して事実関係を明らかにすると同時に、謝罪や反省をして、再発しないことを書面にて誓約するものです。

　始末書に似た文書が「顛末書」。ミスやトラブルの事実関係のみを報告するもので、謝罪や反省が入っていないところが始末書とは異なります。

「服装は自由」という会社が増えましたが、一定の制限はできますか

●勤務中の服装

最近では、ビジネスカジュアルといった「私服ＯＫ」の会社も増えてきました。ですが、制服がある会社であれば、私服勤務が認められないのは常識。そもそも制服着用は入社時より仕事の前提として説明周知しているはずですよね。

とはいえ、会社が社員等の服装や身だしなみを規制する場合、まず就業規則での明文化が必要になります。

！ 注意点

服装については、男女別々に基準を設け、具体的な表現（ＮＧ例の写真や動画解説などがあるとベスト）で明記しましょう。服装にこだわりがある会社であれば、就業規則に付随する規則（就業規則に入れると長文化するため）などを別途設けるのも一つの方法です。

身だしなみ・アクセサリー……鼻にピアスなどはＮＧ

身だしなみ・髪の毛……特別な色のヘアカラーなどはＮＧ

靴……素足にサンダルなどはＮＧ

社内規程を整備したうえでさらに大切なことは、

1　採用時にしっかりと説明する

2　定期的な周知、例えば社員教育や朝礼などで注意喚起する

3　何度注意しても是正されない場合は、就業規則による懲戒処分の対象になる旨を定めておく

このように近年は、就業規則の「服務規律」が注目されています。

●服装以外にも、注意しておきたい服務規律

①指示命令に服する義務

　会社の指示命令を守ることや、担当業務の変更または他の部署への応援を命じられた場合は、正当な理由なくこれを拒まないことなどを明記します。

　特に、他の部署への応援などを指示されても拒む社員等が出るケースは意外に多いようです。会社としては、部署の垣根を越えて協力し合うことで業務効率の向上につながることを日頃から伝えておきましょう。

②職務に関連した利益収受禁止

　「職務に関し、不当な金品の借用または贈与の利益を受けないこと」や「職務に関連し、自己または第三者のために会社の取引先等から金品、飲食等不正な利益供与を受けないこと」も就業規則に明記しましょう。

　こうしたことを見過ごすと大きなトラブルに発展する場合もありますし、会社が刑事事件に巻き込まれる可能性もあります。

③施設・備品管理

　会社の許可なく、業務以外の目的で、会社の施設、機械器具、金銭、その他の物品を他人に貸与することや、持ち出さないことといった当たり前のことも盛り込みます。

④施設利用の注意点

　「会社の許可なく、業務に関係のない私物を会社施設に持ち込まないこと」等を盛り込みます。

　業務に関係があっても、私用のパソコンを持ち込んで使用し、そこから情報が流失するということもありえるからです。

⑤施設内での業務に関係がない活動の禁止

　政治や宗教に関するトラブルも意外に多いようです。例えば、次のように制限を加えます。「会社の許可なく、会社の施設内で組合活動、政治活動、宗教活動等、業務に関係のない活動は行わないこと」

　他にもいろいろとありますが、服務規律の規程の充実と教育研修が大切な時代になってきました。

社員によるFacebookなど SNSでの発信を 禁止できますか

●アルバイトの不用意なSNS投稿で会社が炎上することが増えた

アルバイトだけでなく、社員等がFacebookやX（旧ツイッター）など自らのSNS（ソーシャル・ネットワーキング・サービス。別名ソーシャルメディア）に不用意な投稿を行い、炎上につながることがあります。

会社として、こうしたSNS投稿による炎上を防ぐために、どのような対処法があるのか考えていきましょう。

①社員研修

SNSの不用意な投稿としてまず留意すべきなのは、「社内機密や顧客情報、取引先の情報の流出」です。これらがSNSで拡散されると、会社が損害賠償責任を負うことも考えられますので、禁止事項であることを周知します。

最近は、ニュースソースの不確かな情報（デマまがい）をSNSで取り上げたために、トラブルに発展するケースも多くなってきました。

私がおススメするのは、こうしたケーススタディを盛り込んだ、社員研修の実施です。そして、研修に先立ち、「ソーシャルメディアポリシー」を作成しておきましょう。

このポリシーは、ソーシャルメディアに参加する上での心構えや、ソーシャルメディアのガイドライン等で構成されています。ネット上で「ソーシャルメディアポリシー」をキーワード検索すると、いろいろな会社の事例が出ますから、参考にするとよいでしょう。

②就業規則にSNS利用規定を盛り込む

就業規則によってSNSを利用する際の禁止事項をあらかじめ明文化しておきます。同時に、禁止事項を行った際の罰則規定についても、明文化し、周知しましょう。

③誓約書

　就業規則に盛り込んでも、効果がないケースもあります。そうした場合には、SNSで発信している社員等に対して、誓約書を取ることも一つの方法です。

　SNSの利用を禁止することは、表現の自由などから困難です。できる限り、会社の情報が流出しないような手立て等を講じておきましょう。

● SNSが炎上した場合の対処法

　どんなに教育研修などを行っても、問題が起こることはありえます。このステージになると、対応マニュアルが必要になります。

　対応が遅かったり、的確な対応ができないと、炎上に次ぐ炎上となる危険性があるためです。

　まず大切なことは、不適切な投稿を見つけた場合に、その問題の投稿をスクリーンショットなどで保存しておくことです。

　SNSの投稿は、本人が削除できます。実際に削除されてしまうと、証拠をとることがかなり困難になるためです。

●会社としての対応力が問われる

　会社としては、問題の投稿を行った社員等を特定し、問題投稿をどの時期に削除し、お詫びをし、どの時期に会社としての謝罪などを公式ホームページに掲載するのか、方針を決定します。

　そのうえで、これらを迅速に行う必要があります。

実務の知恵

　SNSが炎上した際に一番重要なのは、ダメージコントロールです。

　会社の対応が後手に回ると、さらに問題が深刻化します。SNSの炎上問題に限りませんが、問題が起きた時に、対応が二転三転したため、会社の信用力自体が疑問視される結果となることもあります。

　いつ、どこでトラブルに巻き込まれるかわからない状況ですから、会社に起こりうるリスクへの対応力が問われる時代になってきました。

遅刻を繰り返す社員への罰則は法律上どこまで認められますか

●就業規則に規定があれば「遅刻による罰金」は可能

就業規則に根拠となる規定があれば、遅刻したことに対して、懲戒処分として罰金を科すことは可能です。

就業規則がない場合や、就業規則を定めていても懲戒処分としての罰金規定がない場合は、ペナルティとしての罰金を科すことはできません。

また、罰金額が大きくなると、生活にも支障が出てくるため、法律で上限額の制限がなされています。

1回の額が平均賃金の1日分の半額、総額が一賃金支払額の10分の1

 事例研究

平均賃金が1万円、月額賃金25万円の場合

遅刻1回あたりの罰金は、平均賃金1万円の2分の1が限度。この場合は5,000円が限度です。遅刻を8回した場合は4万円の罰金となりますが、1か月間で給与から差し引ける罰金は、総額25万円の10分の1となる2万5,000円が限度となります。

ただし、残りの1万5,000円は翌月の給与から引くことができます。

「遅刻した時間分の給与カット」自体はノーワーク・ノーペイの原則により可能です。

 コンプライアンスチェック

☑ **罰金制度の是非について**

「備品を壊したら罰金〇〇円」や「お客様から契約を解除されたら罰金

1万円」等の行き過ぎた罰金制度は原則として違法となります。

　労働基準法上、「使用者は、労働契約の不履行について違約金を定め、又は損害賠償額を予定する契約をしてはならない」と明確に定めているためです。（第16条）

　罰金制度が認められる条件として、

1　損害額の賠償請求が目的ではなく、社内秩序維持が目的であること

2　法律の上限の範囲内で行われること

　が必要となります。具体例で考えないとわかりづらいですね。

事例研究

　病気欠勤したアルバイトの給与から、代わりに働くアルバイトの賃金分を差し引いていた事例がありました。

　メディアでも大きく取り上げられました。経営者の気持ちはわからなくはありませんが、大きな問題が生じます。

1　損害賠償として差し引くことも問題が

　代わりのアルバイトを探せなかった場合は、損害賠償として8,000円という取り決めをしていたとすると、「労働契約の不履行について違約金を定め、又は損害賠償額を予定する契約」に該当し、違法となります。

　実損害分を請求することはできますが、その損害額をアルバイトの同意があったとしても賃金から差し引くことは、賃金全額払いの原則を定めた労働基準法第24条に違反する可能性が出てきます。

2　無断欠勤だった場合のペナルティとした場合

　例えば、1日分の平均賃金が1万円の労働者の場合、前ページで説明した「平均賃金の2分の1の5,000円が限度」というルールが適用され、1回あたりの減給の上限は5,000円となります。

「ロードバイク通勤」を やめさせたいのですが…

●自転車通勤中の事故で会社に多額の損害賠償請求が

　昨今のブームで自転車に乗る人が増えていることから、事故も増えています。その影響が企業経営を揺るがすこともあります。

　例えば、37歳の男性の自転車が、横断歩道を歩行中の女性に衝突（信号無視）し、被害者女性は死亡。5,500万円近くの損害賠償責任を負ったケースなど、自転車による事故での損害賠償を負うことが増えています。

　自転車を通勤に使用していた場合で、事故を起こした社員に支払い能力がなければ、自転車通勤を認めた会社に損害賠償責任（使用者責任）が及ぶことも考えられます。

●自転車通勤を許可制にする

　私は自転車通勤を許可制にすることをおススメしています。許可する前提として「任意保険」への加入も義務付けます。

　次ページに紹介した規定例を参考にしてください。

実務の知恵

　通勤途中の事故は、通常だと労災保険の通勤災害に当たり、保険給付が受けられますが、認められないケースもあります。

　労災保険で補償される通勤災害とは、自宅と会社（就業場所）との往復を「合理的な経路及び方法」で行うものとされています。

　したがって、多くの人が自転車通勤をしないような遠隔地からの自転車通勤は「合理的な経路及び方法」と認められない可能性があります。

　また、途中で寄り道や運動のための遠回りをするなど、合理的な経路か

ら外れた場合も認められません。

　会社としては、あらかじめこうしたリスクを社員に説明しておく必要が
あります。

●自転車通勤者に対する手当はどうなる

　自転車通勤には電車代などの実費は発生しませんが、タイヤやブレー
キパッドなどの消耗品の交換など、一定の費用がかかるため、通勤手当
を支給するケースもあります。

　金額は、所得税が非課税となる1か月あたりの限度額を参考にすると
良いでしょう。

規定例

1　許可：自転車通勤を希望する者は、事前に会社に申請し許可を得なけ
　ればならない。
2　許可基準：以下のすべてを満たした場合に許可する。
　ア　会社までの距離が自宅から〇Km以上〇Km未満の者
　イ　任意保険（一定以上の賠償額）に加入している者
3　禁止事項：
　ア　飲酒運転
　イ　イヤホンや携帯電話を使用しながらの運転
　ウ　整備不良の自転車での運転
　エ　道路交通法など法令違反の運転
4　事故等の扱い：通勤途上で事故を起こした場合、直ちに会社に報告し
　て指示に従うこと。

同業他社に転職した元社員を「競業禁止」で訴えられますか

●部長クラス以上でも競業禁止で制約することは難しい

社員が会社に不満を持ち転職する場合、特に40代以上なら「同業他社」に移ることが多いといえます。

実績や人脈を活かして、自分を高く売り込むことができるからです。

このようなケースで、顧客名簿や会社のノウハウを持ち出したりするケースがあとを絶ちません。

多くの会社では、競業避止義務の規定を就業規則に明記していますが、憲法で保護されている「職業選択の自由」が優先し、制限するのはかなり難しいといえます。

事例研究

LEC東京リーガルマインド事件が有名です。これは、当時同社の役員であり、かつ、スター講師であったA氏が、退職後、同じような司法試験対策塾を立ち上げたため争いになりました。

最終的には、職業選択の自由が優先するという結論になりました。

●裁判例に見る競業避止義務契約のポイント

数多くの裁判例を集約すると、以下のような観点で判断されています。

①競業禁止で守るべき利益の存在

「営業秘密」や独自のノウハウなどがあるかが問われます。

②地域的な限定

「同じ都道府県ではやらない」などの制限があれば認められやすくなります。

③社員の立場

　制約を加えてもいいような立場にある社員であるかということです。

④競業避止義務の存続期間

　1年以内の期間については肯定的に考えられていますが、長くなると、無効となる可能性があります。2年以上であると厳しいです。

⑤代償措置

　競業避止義務を課すことの対価として退職金が上乗せされているなどです。

　いずれにしても、競業禁止は非常に難しいので、機密情報等の流失のリスクに備えるのが現実的かと思います。

著者からひと言

　「不正競争防止法」を、リスクを防ぐ切り札として活用しましょう。

　不正競争防止法とは、会社が競合他社や個人に対して、不正な手段による競争の差し止めや損害賠償請求ができるような仕組みを作っている法律です。この法律を活用して、営業秘密（顧客情報や技術的なノウハウ等）を守ることが重要になります。

　営業秘密として保護されるためには、以下の3つの要件をすべて満たす必要があります。

①**秘密管理性**…秘密として管理されていること。「社外秘」やファイル名に「秘密性がわかる記号」等を付けて、社員に秘密のものとして管理していることを周知し、社員もそのことを認識している必要があります。

②**有用性**…実際に利用されているかにかかわらず、有益な情報であること。

③**非公知性**…公然に知られていないこと。

　例えば、文書管理のソフトウェアで、明確に秘密文書とわかるような仕組みを設けたうえで、パスワード設定や、アクセス制限をするなどITも活用して営業秘密の保護に努めましょう。

社員の副業は、許可制や届出制にしたほうが得策でしょうか

●国も、副業・兼業を容認している

　副業・兼業を国が積極的に推進するのは、下記のような理由からです。
①新しいアイデアの創造や優れた技術などを共有できる等のメリット
②独立起業の手段となること
③中高年者の場合、第2の人生の準備につながること

　2020年9月に改定された「副業・兼業の促進に関するガイドライン」（厚生労働省）では、副業・兼業の容認がより現実的かつ具体的なものとなりました。むしろ国は企業に対して、「合理的な理由なく副業・兼業を制限できないことをルールとして明確化」することを要求しています。

●会社が、副業・兼業を制限できる場合

　厚生労働省が2018年1月に改定したモデル就業規則が参考になります。

● 厚生労働省のモデル就業規則はこうなっている ●

【副業・兼業】
第○条　労働者は、勤務時間外において、他の会社等の業務に従事することができる。
2　労働者は、前項の業務に従事するにあたっては、事前に、会社に所定の届出を行うものとする。
3　第1項の業務に従事することにより、次の各号のいずれかに該当する場合には、会社は、これを禁止又は制限することができる。

① 労働提供上の支障がある場合
② 企業秘密が漏洩する場合
③ 会社の名誉や信用を損なう行為や、信頼関係を破壊する行為がある場合
④ 競業により、企業の利益を害する場合

事例研究

副業・兼業を制限できるのか、具体例でみていきましょう。

◆メルカリ（販売）等での転売

販売活動が本業に影響を及ぼすことは考えにくいので基本的に問題なしですね。自社商品を安く仕入れ販売するのは原則ＮＧです。

◆ユーチューバー

ユーチューバーとして、広告収入を得るようなケースです。これも本業の就業時間外で撮影などを行い、本業のサービスや商品に全く影響がなければ問題ないといえます。

◆アフィリエイト

ブログやSNSなどで広告をし、副収入を得る手段として、アフィリエイトがあります。基本的には問題ないといえますが、ホームページ作成に多くの時間がかかっている等、本業の健康管理上の問題が出るようなケースではＮＧとなる可能性もあります。

◆雑貨などハンドメイド商品の販売

雑貨などを作って販売するようなケースです。あるいは、デザイン系に強い社員だとLINEのスタンプを作成するなどのケースもあります。

これらも本業を終えた時間帯に適切な範囲で行われていれば問題は生じません。

◆セミナー講師・コンサルティング

セミナー講師や専門知識を活かして依頼された案件に応じてセミナーやコンサルティングを行うことで、報酬を得ることを指しています。

「週末コンサル」や「週末講師業」なら働きながらでもできるとして人気です。これも本業に支障がない範囲なら問題にはなりません。

◆スポーツインストラクター・食事指導

スポーツインストラクターもひそかに人気です。走り方教室などは運動会の前には大盛況。また、食事の管理等を指導するサービスなどもあります。

これも本業に支障がなければ問題ありません。

副業・兼業を許可したら労働時間などを通算する必要がありますか

●労働時間の把握などの管理が課題に

　厚生労働省のガイドラインでは、社員等からの申告等に基づき、Ａ社の勤務が終わった後にＢ社で働く場合には、労働時間を通算することや、その時間が法定労働時間を超える場合には、割増賃金を支払うべきことなどが明記されています。

　これは、本業の勤務先と副業先がある程度、理解がある会社でなければ実態としては、非常に難しい課題ともいえます。

　また、正社員として働く本業以外に副業先では「業務委託契約」つまり、請負契約というケースでは、労働時間は通算されないことになります。なぜなら、労働契約は労働基準法等の適用を受けますが、業務委託契約は労働基準法や労災保険法等が適用されないからです。

　このため、2社の労働時間の合計が法定労働時間を超えていたとしても労働時間が通算されないことになります。

　参考までに、労働契約と業務委託契約の違いを整理しておきます。

● 労働契約と業務委託契約の違い ●

	労働契約（正社員、アルバイト、パート等）	業務委託契約（個人事業主等）
労働基準法の適用	適用	適用なし
労働時間の通算	あり	対象外
最低賃金法の適用	あり	対象外

●労災保険法も副業に対応したものに

　2020年9月に、労災保険法も副業・兼業の増加に対応するかたちで改

正されました。

①すべての就業先の賃金額を合算した額を保険給付に反映

　複数の事業所に勤務する人への労災保険給付は、すべての就業先の賃金額を合算した額を基礎とし、保険給付額を決定することになりました。

　例えば、A社で25万円、B社で5万円の給与を受けている人が、業務上で被災した場合は、合算した30万円の賃金をベースに給付が行われます。ちなみに、改正前はA社で被災した場合はA社のみ、B社で被災した場合はB社のみの賃金が対象とされていました。

②複数の就業先における業務上の負荷を総合的に評価認定

　一つの勤務先で労災認定できない場合であっても、複数の就業先の業務上の負荷（労働時間やストレス等）を総合的に評価して労災認定できる場合は、保険給付を受けられることになりました。

●さらに、ややこしい「社会保険」の留意点

　本業の会社が主たる収入となっているケースで整理すると以下のようになります。

社会保険料はどちらの会社で加入するのか

	本業の会社	副業先
労災保険	加入	加入
雇用保険	加入	非加入[※1]
健康保険	加入	加入[※2]
厚生年金保険	加入	加入[※2]

※1　2022年から65歳以上の人は副業先でも条件を満たせば加入
※2　条件を満たせば加入

　社会保険（厚生年金保険と健康保険）については、本業の会社でも副業先の会社でも要件を満たす場合は2か所以上で加入することになります。

　この場合、保険料はそれぞれの報酬額を合算して決まり、それを本業の会社と副業の会社で比例配分して負担します。

社員の過去の病歴や既往症なども個人情報として厳正に管理すべきでしょうか

●個人情報の取扱いがより広範囲に制限されることに

個人情報保護法では、「個人情報」を以下のように定義しています。

①生存する個人に関する情報

②特定の個人を識別できるもの

例えば、「氏名・生年月日」などが紐づいた情報や「顔写真」も個人情報に該当します。

さらに、その情報単体でも個人情報に該当する「個人識別符号」という新しい用語が登場しました。

 用語解説 ➡ 個人識別符号

下記のいずれかに該当するもので、規則等で個別に指定されます。

1 身体の一部の特徴を電子計算機のために変換した符号

DNA、顔、虹彩、声紋、歩行の態様、手指の静脈、指紋・掌紋など

2 サービス利用や書類において対象者ごとに割り振られる符号

旅券番号、基礎年金番号、免許証番号、住民票コード、マイナンバー、各種保険証など

 コンプライアンスチェック

☑ **ポイントカード**

ポイントカードの会員番号などは「会員番号」と「氏名」をデータベース等で管理し個人を特定できれば、「個人情報」にあたります。

さらに、「要配慮個人情報」という新しいカテゴリができました。これは、不当な偏見・差別などが生じないように取扱いに配慮を要する情報として、法律・政令に定められた情報をいいます。

具体的には、人種、信条、社会的身分、病歴、前科、犯罪被害情報等のほか、障がいがあることや、健康診断結果等も該当します。過去に新型コロナウイルスに感染したかどうか、も「要配慮個人情報」ということになるでしょう。

●個人情報の保護は義務です。

　個人情報の保護は会社の義務です。取扱いに際しては下記に注意すると同時に、ここでも社員への周知、つまり研修などが重要になってきます。

！　注意点

・個人情報を収集する際には、利用目的を明確にしなければならない。
・目的以外に利用する場合には、本人の同意を得なければならない。
・情報が漏えいしないよう対策を講じ、社員等だけではなく委託業者も監督しなければならない。
・個人の同意を得ずに第三者に個人情報を提供してはならない。
・本人からの求めに応じ、情報を開示しなければならない。
・公開された個人情報が事実と異なる場合、訂正や削除に応じなければならない。
・個人情報の取扱いに関する苦情に対し、適切、迅速に対処しなければならない。

　これらのルール違反には、最大で6か月以下の懲役または30万円以下の罰金が科されます。

 用語解説 ➡ 特定個人情報

　特定個人情報とは、「個人番号（マイナンバー）」を含む個人情報を指します。この保護管理については、いわゆるマイナンバー法に定められており、個人情報保護法と比べ、規制が強化されています。
　このように、個人情報の取扱いが、複雑になってきています。ITの活用などで、会社にリスクが生じない管理をしていくことが重要です。

社員の自殺で会社が損害賠償責任を負うこともあります!

●担当者としては、労災保険の知識を正しく持つことが大切

労災保険は、社員の業務上のケガ、病気、障がい、死亡について給付を行うことを目的としています。

被災した社員がこれらの給付を受けるためには、労働基準監督署長から労災認定を受ける必要があります。

●労災認定は、社員や遺族にやさしく、会社に厳しい

我が国の労災保険の給付の内容は、世界有数の手厚さを誇っています。

仮に労災認定されない場合は、健康保険の給付を受けることになりますが、その差を確認してみましょう。

● ケース１　ケガで治療を受ける場合 ●

労災認定された	労災認定されない
労災保険→療養補償給付	健康保険→療養の給付
病院代の自己負担なし＝タダ	病院代の３割を自己負担

事例研究

月給30万円、年間の賞与の総額が60万円の夫が業務上の事由で亡くなり、労災認定があったケースでは?

労災認定されるかどうかで、受けられる給付は大きく変わります。詳しくは次ページの図表にまとめた通りです。

労災保険のほうが健康保険よりも給付内容が手厚く、社員や遺族にやさしい制度となっています。

ケース2　夫が死亡し、遺族として妻が残された場合

労災認定された	労災認定されない
労災保険→葬祭料＋遺族補償年金（＋特別支給金）	健康保険→埋葬料
葬祭料として一時金で60万円程度、遺族補償年金として少なくとも毎年150万円程度が支給。さらに特別支給として、一時金で300万円、賞与分の年金が少なくとも毎年25万円程度支給	健康保険→埋葬料として（一時金で5万円支給）

●労災認定された会社には苦難が

労災認定されると、会社には次のような苦難が待っています。

①社会的な信用を失う

「建設業でトンネルが崩壊して社員が死亡」「過重労働でうつ病になった社員が自殺」などと報道されるような労災事故が起こってしまうと、ブラック企業などのレッテルを貼られます。

②損害賠償リスク

事故に関して会社に故意や過失がある場合は、民事上の損害賠償責任が発生します。労災事故で社員が死亡したようなケースでは、遺族に1億円を超える損害賠償責任が生じることも珍しくありません。

③労災保険の保険料がアップすることがある

労災保険の保険料率には、メリット制といって、個々の会社の災害発生率に応じて、保険料率を上下させる制度があります。自動車保険にもあるような仕組みです。

無事故割引が理想ですが、事故が起こるとその逆になります。

 コンプライアンスチェック

☑労災隠しはNG

労災事故が頻繁に起こると、労災を隠すケースがあります。労災隠しです。これをやってしまうとリスクがさらに増すので絶対にやってはいけません。そもそも労災事故を起こさないように気をつけましょう。

残業が多い社員から精神的に不安定になったと労災申請の申し出が…

●長時間労働で労災認定、さらに損害賠償責任も

　かつての典型的な労災事故は、「業務中の事故でケガをした」でしたが、最近は、過重労働がもたらす過労死やうつ病などが増えてきました。国も対策を強化し、長時間労働に対する労災の認定基準を作成しています。

　これは一定時間数を超える長時間労働の事実があると、「労災認定します」という基準になります。あわせて、会社の安全配慮義務違反で損害賠償責任を負うことにもなりますので、注意が必要です。

　具体的には、「脳・心臓疾患等」と「精神障がい」に分けて、それぞれ認定基準が設けられています。ポイントを確認しておきます。

①脳・心臓疾患等の認定基準

　A　対象となる病気

　　・脳血管疾患

　　・心臓疾患

　B　いわゆる「過労死ライン」

　長時間労働における労災認定の基準は以下のようになっています。「100時間」、「80時間」が、「過労死ライン」とよばれるものです。

- 発病直前の1か月間の残業時間が100時間を超えている
- 発病前の2〜6か月間の残業時間の平均が1か月あたり80時間を超えている

事例研究

　例えば、1か月の勤務日数が20日であると仮定すると、2か月以上、毎日4時間強の残業を続けた場合に、「残業時間の平均が1か月あたり80時

間」を超える可能性があります。

　なお、100時間と80時間の基準は、あくまで目安のひとつにすぎません。これよりも短い残業時間でも、ほかの基準と照らし合わせた結果、労災認定が行われることもあります。

②精神障がいの認定基準

A　対象となる精神障害

　過重労働が原因でストレスがかかり精神障がいが発症したことが証明されれば、労災認定が行われることになります。

　ストレスがかかる過重労働としては、ここでも長時間労働が典型例といえます。そのほか、職場でセクハラ・パワハラなどのハラスメントを受けたこと等も挙げられます。

　精神障がいとは、うつ病などのことです。自殺に至ってしまうケースも少なくはありません。

B　残業時間の基準

　精神障がいの認定基準は、「過労死ライン」とは異なります。

・1か月間の残業時間が160時間を超えている
・残業時間が2か月連続で月120時間以上、3か月連続で月100時間以上など

　これはあくまで残業のみで判断する場合です。

　ハラスメントなどの他のストレスがあった場合には、これよりも短い残業時間でも、総合的に評価して、労災認定が行われることがあります。

 コンプライアンスチェック

☑ **超えてはいけない過労死ライン**

　過労死や精神障がいによる自殺ほど悲しいことはありません。死亡した人やその遺族はもちろん、会社側も大きなダメージを負うことになります。とにかく、予防することが重要ですから、「過労死ライン」は絶対に超えないようにしましょう。

会社が注意すべきハラスメントの規制にはどのようなものがありますか

●ハラスメントに関する法規制は年々厳しくなる

世の中には、いろいろなハラスメントが存在しています。「セクハラ」、「マタハラ」、「パワハラ」、この3つが現在法規制の対象となっていますが、「マリハラ」、「ブラハラ」、「アルハラ」（用語解説参照）など、いずれも会社の中で起きてしまうと、人間関係が悪化し、退職につながるという悲劇的な結果となります。

会社としても事前の予防、事後の対応など適切な労務管理が必要になってきました。

●セクハラ・マタハラ・パワハラを規制する法律とは

この3つは、それぞれ根拠となる法律が違います。「男女雇用機会均等法」、「育児・介護休業法」でセクハラ、マタハラ（マタニティハラスメント）、「労働施策総合推進法」がパワハラを、それぞれ規制しています。

労働施策総合推進法では、セクハラなどの規制強化も一部盛り込まれています。

● ハラスメント規制強化の歴史を振り返る ●

1997年	セクハラの防止に配慮する義務（配慮義務）
2006年	「配慮義務」から、必ず会社が守らなければならない「措置義務」へ。差別禁止が男女双方に拡大
2016年	マタハラの措置義務
2019年5月21日	パワハラ防止法＜労働施策総合推進法＞が成立。大企業は2020年6月1日、中小企業は2022年4月1日より施行

用語解説 ➡ ハラスメントいろいろ

「マリハラ」… 未婚者に対して嫌味を言う

「グルハラ」… 「〇〇は塩で食べるべき」などの押し付けをする

「ブラハラ」… 「B型の人は変わり者」など血液型でその人の人柄や性格を
　　　　　　　決めつける

「アルハラ」… お酒が飲めない・弱い人に一気飲みや、罰ゲームを課す

●ハラスメントを防止する会社の対策とは

　近年、ハラスメントは、会社経営にとって重要な問題となってきました。都道府県ごとに設置されている「労働相談窓口」に寄せられる相談は近年100万件を超えており、「いじめ・嫌がらせ」といったパワハラ関係がトップで3割近くを占めています。

　ハラスメントを放置すれば、当事者社員の退職だけでなく、裁判沙汰による会社名公表、被害者によるSNSを使った拡散など、会社のイメージダウンにつながるリスクもあります。

　先行して規制されたセクハラ関係では会社にその対策が義務付けられており、マタハラやパワハラ、その他のハラスメントも同様に考えて、対策を取る必要があります。

●あっせん制度の利用や裁判も増えている

　最近、顧問先の社長から、「あっせんの申し立てが届いたが、これは何の意味ですか?」という問い合わせが増えています。

　「あっせん制度」は、裁判外の和解制度。労働局において、紛争調整委員会という専門家が間に入って、もめごとをまとめるというものです。

　この制度は、ハラスメント関係も利用できるようになったことから、利用件数も増えています。

　あっせんには、応じる義務はありません。しかし、応じないと相手方が裁判に訴えるケースが増えており、裁判外の和解制度ともいえるあっせんで解決したほうが、費用面などからも得策といえます。

労働関係に関するトラブル（個別労働紛争）で、当事者間に学識経験者であるあっせん委員が入り、話し合いを促進することにより、紛争の解決を援助する制度です。

●会社としてのハラスメント対策

①社員等への周知

　ハラスメント防止のための研修を行うなど、会社の方針として、ハラスメントを許さないことを明確に周知します。

②就業規則の整備

　ハラスメントの加害者は「懲戒処分」の対象となることを明記し、それを周知します。

③相談窓口の設置

　「人事部長」など1人だと、相談しづらくなるので、男女1人ずつ置くことをおススメします。ハラスメントは、火の粉が小さいうちに対応することが重要。外部の弁護士などに依頼するケースも増えています。

④相談体制の整備

　相談内容の記録をとる等、マニュアルの整備も重要です。

⑤相談者、加害者のプライバシーを保護するための措置

　ハラスメントの相談をした場合に相談者のプライバシーが保護されることを社内で周知しましょう。相談担当者に対する教育研修やマニュアルも作成する必要があります。

⑥不利益な扱いを受けないことの周知

　会社は、ハラスメントの相談をしたことを理由に不利益な取扱いをしてはなりません。これで安心して相談できる体制が作れます。

●ハラスメントが起こった場合の対応

①事実確認を迅速に行う

　ハラスメントの相談があった場合に、迅速に調査することが重要です。

長期間放置しているとその間にハラスメントが深刻化します。

②被害者に対する配慮の措置

　心身にダメージを受けた被害者に対して、勤務環境の整備や不利益に扱われないように会社として配慮し、必要に応じてメンタル不調の相談に乗るなど慎重に対応することが必要です。

③加害者に対する処分

　就業規則の規定に基づいて懲戒処分を行います。「重すぎず、軽すぎない」妥当な処分が必要になります。

④再発防止措置

　ハラスメント防止のための社内研修を行うなど、再発防止の措置を取りましょう。

 コンプライアンスチェック

☑️ 2019年5月21日改正のセクハラ規制の強化を侮るな

1　セクハラに関する国、事業主・労働者の責務の明確化

　セクハラに関して、取引先の社員等の関係者もセクハラをしない責任があることが盛り込まれました。

2　事業主に相談した労働者への不利益な取扱いの禁止

　不利益な取扱いをした場合、措置義務違反として都道府県労働局長から助言、指導、勧告を受け、それでも従わない場合は企業名が公表されることになりました。

3　自社の社員等が他社の社員からセクハラを受けた場合の協力要請

　自社の社員等が他社の社員等からセクハラを受けた場合は、事実確認などの協力を要請できることになりました。

4　紛争調停への職場の同僚の出頭・聴取対象者の拡大

　セクハラ被害者が相談しても会社側が無視したり、意に反する対応をした場合、都道府県労働局長による紛争解決援助や紛争調停委員会の調停を受けられるようになりました。

　さらに、職場の同僚などに参考人として出頭を求め、意見聴取ができるようになりました。

「上司が女性社員を誘い 2人で食事を強要」などの 苦情が増えています…

●ハラスメントはグレーゾーンがあります

例えば、「今日は残業になるほど忙しくて大変だったね。和食のおいしい店を見つけたから、今夜行かないか」という上司の誘いに対して、

A子さん：「残業になってしまったので、気を遣ってくれてうれしい」

B子さん：「いつも残業になると誘ってきて、気持ち悪い」

と同じ言動が、相手によってセクハラになったりならなかったりします。ハラスメントの問題は、受け手がどう感じるのかがポイントになります。つまり、「受ける側の感覚＋合理性・妥当性で決まる」ということです。これがハラスメントの難しいところです。

●セクハラいろいろ

①動作型

・朝上司が、必ず女性社員の肩を叩き挨拶する

・上司が後ろを通るとき、上から胸元を覗き込まれる

②視覚型

・パソコンのスクリーンセーバーにエロチックなビキニ姿の女性が

③対価型

・食事に付き合わなかったら無視され、左遷させると言われた

④発言型

・「ナイスバディだね。サイズを教えてよ」としつこく言ってくる

⑤女性から男性へのセクハラ

・「最近太った？」と言いながらお腹のあたりを触ってくる

・「彼女とはどうなの？」としつこく聞かれる

●マタハラいろいろ

①パワハラ型
- 「妊娠したからといって特別扱いはしないから」など妊婦の体調を気遣わない

②いじめ型
- 「忙しい時期に、子供を産むなんて考えられない」などと嫌味を言い、精神的に追い詰める

③追い出し型
- 「業務の性質上、産休・育休で休むなんてありえない」とほのめかす

④価値観押しつけ型
- 「女性は妊娠、出産を機に家庭に入るべきだ」と事あるごとに言う

●パワハラにもいろいろな種類がある

厚生労働省がまとめた「パワハラ6つの類型」

名称	具体的な内容
① 身体的な攻撃	暴行・傷害
② 精神的な攻撃	脅迫・名誉毀損・侮辱・ひどい暴言
③ 人間関係からの切り離し	隔離・仲間外し・無視
④ 過大な要求	業務上明らかに不要なことなどを要求
⑤ 過小な要求	仕事を与えない等
⑥ 個の侵害	私的なことに過度に立ち入ること

 実務の知恵

　厚生労働省のホームページ内にある、「明るい職場応援団」を活用するとハラスメント対策が容易にできます。社内掲示用のポスターのダウンロードや、「パワーハラスメント対策導入マニュアル」等のマニュアル類、研修用の動画もあります。社労士も参考にしています。

精神障がいの労災認定基準において、職場でセクハラ・パワハラなどのハラスメントを受けたことが、精神障がいの発症の原因として掲げられていることは、先にお伝えしました。その認定基準について、近年、ハラスメント事案の明確化が図られています。

2023年9月には、次のような改正が行われました。

○パワーハラスメントを受けたことは、すでに精神障がいの原因となる出来事として示されていますが、その強度を判断するための具体例について、「6類型のすべてを明記する」、「性的指向・性自認に関する精神的攻撃等を含むことを明記する」といった見直しが行われました。

○顧客や取引先、施設利用者等から著しい迷惑行為（カスタマーハラスメント）を受けたことが、精神障がいの原因となる出来事として、明確に示されました。

実務の知恵

カスタマーハラスメント（カスハラ）は、近年増加傾向にあります。

企業としては、発生を想定して、次のような対応をとっておくことが重要といえます。

・カスハラの判断基準を明確にしておく
・クレーマーへの対応マニュアルを作っておく、マニュアルに沿った対応のための研修を行っておく
・カスハラの被害者となった社員をサポートする体制を整えておく

第 **6** 章

社員の退職、解雇、契約終了について

また社員が辞める！「退職願」と「退職届」はどう違うのか？

第6章
ダイア
ローグ

先生、また社員が辞めることになり、「退職願」を持ってきました。そのとき、初めて気がついたのですが、「退職願」と「退職届」は、何か違いますか？

退職願はお願いされているだけなので、まだ、退職ということにはなりません。ひょっとすると、引き止めて欲しいのかもしれませんね。それとも、単純に間違えたのかな。

辞めるってお願いされるって？　それで、退職届は？

退職届は退職の意思表示をしているとみなされますから、提出したらすぐに退職になります。民法では退職の14日前までに退職の意思表示をすればよいことになっています。

うちの会社の就業規則には、1か月前に退職の申し出をするとなってますが……。

多くの会社がそう規定していますが、民法の規定が優先されて、14日後に退職の効力が生じるというのが、一般的な解釈です。

とすると、また就業規則も変更しなければならないのですか？

そうですね。誤解がないように変更しておきましょう。特に、2020年4月1日に民法が改正されてからの影響は大きいですね。

労働基準法だけでなく民法も勉強しなければならないんですか？

民法は一般法と言って、法律の基本ですから本当は勉強したほうがいいのですが。量が膨大ですけど（汗）、ひとまず労働分野に特に重要な影響を及ぼすような改正は、知っておくべきですよ。

いろいろと勉強することが増えて、人事・労務の分野は奥が深いというか、小難しいというか……（泣）。

2020年の民法改正で特に影響があったのは、次の3つですね。
①身元保証契約で、身元保証人の損害賠償の限度額を定めないと無効になること
②期間の定めのない契約などでは、2週間前に申し出をすれば退職となること
③未払い賃金等の消滅時効が2年から3年に延ばされたこと
3つとも影響がとても大きいです。特に未払いの残業代などがある場合は、従来なら2年分さかのぼって請求されていたのが、3年になったわけですから、会社にとってのリスクが増えました。将来的には5年になる予定です。

こんなにあるんですか……とても対応できないかも。

今度、御社の現在の就業規則にある個々の規定が、民法を含めて最新の法令に適合しているのか、チェックしてみましょう。専門用語では「労務監査」と言うこともありますが。

チェックリストがあると助かりますね。事前にやってみたいです。

では、事務所に戻ったらメールで送っておきますね。不備な点が多ければ多いほど、お互いに仕事が増えますけどね。

はぁー（ため息をつく）。

「退職願」と「退職届」、提出させるべきはどちらでしょうか

●誤解が多い「退職願」「退職届」「辞職」「辞表」…

社員の退職には、社員側からの労働契約の解消（辞職）と、社員と会社が合意して労働契約を終了させる場合（合意解約）があります。

「退職届＝辞職」と「退職願」の大きな違いは、社員が退職の意向を撤回できるかどうかです。「退職届＝辞職」の場合には、会社が受け取ると基本的に社員は退職を撤回することはできません。

他方、「退職願」は、お願い（申込み）ですから、会社が承諾すれば、「合意退職」となります。以下の図表に整理しましょう。

● 会社を辞める意思表示の仕方にもいろいろある ●

退職願	退職の意思を会社に伝えること。
退職届・辞職	退職の意思を伝える書面。原則撤回できない。辞職と同じ意味
辞表	役員や公務員が用いる退職届

なお、退職届の提出を義務付けていない会社もありますが、トラブルを避けるため、提出させるか、退職の合意書などを結びましょう。

●民法改正で退職申し出の期限が変わった

就業規則に「退職は1か月前に届け出ること」と定めている会社も多くありますが、民法では2週間前に意思表示すればよいことになっています。では、就業規則の規定は無効になるのでしょうか？　この点は、はっきりとした裁判例などはありませんが、「無効ではないが、結論としては民法が優先され、2週間で退職となる」と考えたほうがよさそうです。

民法改正前だと、完全月給制の社員がその月に退職したい場合は、月の前半に申し出ればOK。年俸制の社員が退職する場合には、3か月前の予告が必要と考えられていました。改正後は、社員からの退職の申し出は2週間の予告期間で足りるとされました。

民法改正で退職申し出の期限はこう変わった

〈期間の定めのない労働契約の終了の場合〉

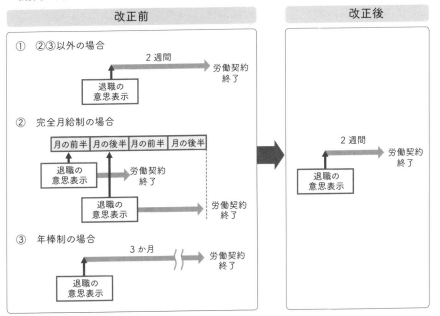

用語解説 ➡ 自己都合退職と会社都合退職

　自己都合退職は病気や転職など、退職の原因が主に社員側にある退職のこと。会社から退職勧奨をした場合は会社都合退職となります。

　なお、次の場合は、後者、すなわち会社都合退職とみなされます。

・上司や同僚からパワハラ、セクハラ、マタハラなどを受けた

・退職前6か月間に、次の(1)から(3)の長時間残業をした場合。(1)連続3か月で45時間超、(2) 1か月で100時間超、(3)連続する2か月以上の残業を平均して1か月で80時間超

社員が行方不明になったり、退職時に引継ぎを拒否したら…

●社員が行方不明になったらどうするか

「社員が行方不明になりました」「連絡が取れない社員がいます」といった相談を、過去に何件も受けたことがあります。

会社としては、どのように対応すればいいでしょうか？

①休職規程で対応

行方がわからない場合に備えて、就業規則で一定期間休職として扱い、その後は自動退職という規定を作っておくのも有効です。

②通知が届かない場合

勤務不良ということで、解雇の問題になります。ここで厄介なのが「解雇通知」を受け取れない社員についてどうするか。

行方不明ですから、特に一人暮らしの人などは郵便が受け取れない。という事態になります。

親と同居しているような場合で、親が代わりに受け取るということもあります。この場合は、解雇通知を受け取ったという判断になりますが、後で「知らない」といわれるとトラブルになります。

③「公示送達」という方法がある

裁判所に申し立てて認められると、書面が掲示される方法です。裁判所の掲示板に紙が貼ってあり、官報や新聞にも掲載されます。書類があるから受け取るように、と書かれています。

公示送達は掲示をしたときから2週間経過したら相手方に意思が到達したものとみなされるのです。しかし、この方法は手間と費用もかかります。

そこで、就業規則に、「30日間連絡が取れないときは、『自動退職』とする」等の規定を定めておくことが必要になります。

●引継ぎをしない社員もいる

行方不明の社員以外にも、いわゆる問題社員はいます。例えば、有給休暇を取得し、引継ぎをしないで辞める社員も多くいます。

こうした場合には、どのように対応すればいいのでしょうか。

①退職時に有休消化をさせない就業規則は有効か

退職する社員が有休消化することで引継ぎや業務整理ができなくなり、著しく業務に支障が出るような場合には、有給休暇の時季変更が可能です。その前提として、退職予定の社員等は「引継ぎを確実に行う旨」就業規則に記載しておきましょう。

なお、こうしたケースでは引継ぎをすると、結果的に有給休暇が余ることになります。この場合は、②で対応することも可能です。

②有給休暇の退職時買い上げ

有給休暇の買い上げとは、未消化分の有給休暇を会社がお金で買い取る制度のことを指します。この買い上げは、法律で原則禁止とされていますが、時効で消滅する分や、退職時に未消化の分については法律の規制がないので買い上げが可能となっています。

ただし、「買い上げるから有給休暇を取得するな」と強制することはできませんので、注意してください。

 用語解説 ➡ 失踪宣告

一定期間生死不明の状態が続いた場合、所定の手続きをすることにより、死亡扱いとする制度です。普通失踪と特別失踪の2種類があります。7年間不在者の生死不明が継続した場合には普通失踪として、7年経過した日に死亡したと取り扱われます。特別失踪とは、自然災害や戦争、船舶の沈没などによって失踪した場合で、危難が去ってから1年後に申立てができます。死亡したと取り扱う日も「危難が去った時」です。

	期間要件	死亡したと取り扱う日
普通失踪	生死不明から7年	7年が経過した日
特別失踪	危難が去ってから1年	危難が去った時

解雇する場合には、理由を明示しないといけないのでしょうか

●解雇には、さまざまな法規制があります

　解雇は、会社側から社員に対して行う、労働契約の一方的な解消です。

　社員にとっては死活問題ですから、さまざまな規制があります。まず、次のような制限があります。

> 解雇は、客観的に合理的な理由を欠き、社会通念上相当であると認められない場合は、その権利を濫用したものとして、無効とする。

　解雇に関して、会社がその権利を濫用しないように規制されていますが、抽象的な表現のため、もめるケースが多いのが実情です。

　会社としては、できる限り、「合意による退職」にするべきです。

　また、解雇の手続きに関しても法律の規制があります。

①解雇予告

　社員等を解雇しようとするときは、少なくとも30日前に予告が必要で、予告しない場合は解雇予告手当（平均賃金の30日分）を支払わなければなりません。

　30日分の生活費を保障してあげることが解雇予告の目的ですから、30日の予告日数は、解雇予告手当を支払えば、その日数分短縮することができます。たとえば、10日前に予告して不足する20日分を解雇予告手当として支払うこともできます。

 コンプライアンスチェック

☑ **解雇予告が不要な場合がある**

1　天災事変等で事業の継続が不可能となった場合

2　社員等の責任が非常に重い解雇（労働者の責めに帰すべき事由による解雇）の場合

　1、2の場合は「労働基準監督署長の認定」を受けて、社員等を即時に解雇することができます。

②解雇制限

　仕事上でのケガや病気治療による休業、また産前産後休業の場合、解雇制限が適用され、一定期間は解雇できないことになっています。

一定期間は解雇できない「解雇制限」の日数とは

仕事上でのケガや病気治療による休業	入院や通院で休業する期間と再出社日から30日間
産前産後休業	産前休業6週間（多胎妊娠の場合14週間）と出産後の産後休業8週間及びその後30日間

　この解雇制限にも例外があり、

ア　打切補償を支払う場合

イ　天災事変その他やむを得ない事由のために事業の継続が不可能となった場合

　には、即時に解雇することができます。ただし、イの場合でも、労働者を解雇するには所轄労働基準監督署長の認定を受けることが必要です。

用語解説 ➡ 打切補償

　業務上のケガにより療養している労働者が療養開始後3年を経過しても治らない場合に、会社がその後の療養補償などの補償義務を打ち切るかわりに、平均賃金の1200日分を打切補償として支払うことで労働契約を解除できるものです。

③解雇理由証明書

　会社は、「解雇された社員が解雇の予告をされた日から退職の日までの間において、解雇の理由について証明書を請求したときは、その該当事由を明示した証明書を交付」しなければなりません。

この証明書のおかげで、解雇理由に関して不服がある社員は、在職中に争えるようになりました。

　また、「社員が解雇の事実のみについて証明書を請求したときは、会社はその事実のみを記載した証明書を交付」しなければなりません。

事例研究

①解雇予告期間中に解雇制限事由が生じた場合

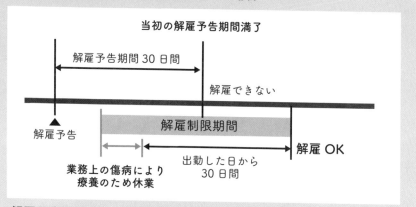

　解雇予告期間中に、労災事故で入院したケースです。当初の予告期間が過ぎて、解雇制限期間【業務災害で入院中と復帰後30日】が過ぎれば、解雇可能になります。

②解雇予告と解雇予告手当の支払時期

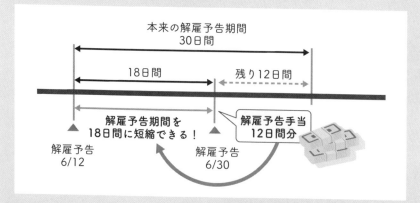

　解雇予告手当を払えば、そのぶん解雇予告期間を短縮できます。この場合の解雇予告手当は、解雇の日（退職の日）までに支払えばよいことになります。

職場で暴力事件を起こした社員は、即解雇に当たりますか

●懲戒解雇は非常にハードルが高い

懲戒解雇は、社内での暴行や横領、セクハラ・パワハラなどを行った社員に対してペナルティーとして行われる解雇です。

ちなみに、懲戒解雇を受けた社員に対しては退職金が支払われない（就業規則に記載がある場合）など、とても重い処分であるため、極めて限定的な状況でしか認められていません。

別の言い方をすると、懲戒解雇はあとから元社員に「不当解雇」と言われて訴えられるケースが多いのです。

そのため、会社は懲戒解雇をする際に、次の2点に留意しましょう。

①懲戒解雇が認められるようなケースであるか

これは過去の裁判例などが参考になります。具体的には次のようなケースです。

- ・会社内で刑事事件に該当するような行為を行った（暴行・傷害など）
- ・重大なセクハラやパワハラをした

②解雇事例が就業規則や雇用契約書・労働条件通知書に記載されていること

さらに、懲戒の場合はプロセスも問題となることから、慎重に行う必要があります。具体的には次のようなことを指します。

- ・社員の問題行動の事実確認
- ・問題行動を行った社員に対して、懲戒解雇に該当する旨を伝え、言い訳（弁明）の機会を与える
- ・懲戒解雇通知書の発行

諭旨解雇（ゆしかいこ）とは、本来は懲戒解雇に該当するケースを、これまでの会社への貢献度などを考慮して、少し軽い内容の処分にすることです。

●実は最も問題が多いのが普通解雇

「無断欠勤や遅刻が多い」「能力が大きく不足している」「病気で働けない」などで解雇する場合が普通解雇です。

普通解雇の場合も、就業規則や労働条件通知書・雇用契約書にその理由などが明記されている必要があります。普通解雇については、基本的には30日以上前からの解雇予告か解雇予告手当の支払いが必要になります。また、就業規則に規定があれば退職金も支払います。

コンプライアンスチェック

☑ 能力不足の解雇は認められない？

能力不足を理由として普通解雇する場合は、「教育を施したか」「配置換えはできないのか」などが問われ、裁判例では、会社が負けるケースも多く、リスクを伴います。話し合いによる合意退職がベストです。

●整理解雇（リストラ）に必要な4つの条件とは

会社の経営状態が悪化した場合の整理解雇、いわゆるリストラについても、過去の裁判例などで、次の4つの条件が示されています。整理解雇を行うときは十分に注意して、慎重に行いましょう。

ア　リストラをしないと事業継続が厳しい…会社が連続赤字で経営状態が厳しく、人員整理をしないと事業の継続が難しい

イ　経費削減の努力…役員報酬を減らすなど、整理解雇をする以外で経費削減をするための努力を十分に行った

ウ　整理解雇される社員等の基準が正当である

エ　整理解雇をする過程で、社員等と話し合う場をつくる

73

契約更新を繰り返し通算3年勤務したパート社員を「契約満了」にできますか

●「雇止め」は法律違反ではない

「雇止め」とは、労働契約の期間を定めて雇っている場合に、期間満了で再度の更新をしないこと。メディアでも取り上げられるため、法律違反のように捉えられがちですが、原則として適法・有効です。しかし、例外的に無効と認められるケースがあります。

①契約自体が実質的に無期雇用者と変わらないような場合

②契約更新に合理的な期待が生じているような場合

労働契約はどんな場合に終了するのか

●有期の労働契約を結ぶ場合の注意点

会社はパート社員等を雇い入れる際に、雇用契約書に、「更新の有無」や「更新される場合等の判断基準」を明記し、これらを含めた労働条件をきちんと説明しなければなりません。

201

用語解説 ➡ 更新の有無の明示

　更新がない契約ももちろん可能ですが、更新がある場合には、自動更新なのか、「事情に応じて更新」なのかを記載し、説明します。

> 自動的に更新する・更新する場合がある・契約の更新はしない

用語解説 ➡ 判断の基準の明示

　更新する場合があるというケースでは、どのような判断で更新の有無を決めるのかという点の記載をし、説明をします。

> ・契約期間満了時の業務量により判断する
> ・勤務成績、態度により判断する
> ・能力により判断する
> ・会社の経営状況により判断する
> ・従事している業務の進捗状況により判断する　　など

●1年を超える期間の継続雇用、もしくは契約が3回以上更新されていたら

　1年を超える期間働いた場合や契約が3回以上更新された場合、長く働ける期待があるため、契約終了の30日前までに「雇止めの予告」が必要です。

　また、「雇止めの予告」をした場合に、パート社員等から雇止め理由の証明書を請求された場合は、会社は遅滞なく証明書を交付しなければなりません。

　＜雇止め理由の例＞
・前回の契約更新時に、契約を更新しないことが合意されていた
・契約締結当初から、更新回数の上限を設けていた
・担当していた業務が終了・中止または事業縮小のため
・職務命令に対する違反行為を行ったこと、無断欠勤をしたことなど、勤務不良がみられる

第 7 章

多様化する雇用への
対応について

ダイア ローグ

70歳まで働けるって うれしいですか?!

先生、2021年4月から、70歳まで働くことになっているのですね。70歳かあ(汗)。気が遠くなりそうです、あと40年以上もって。

いや、少し理解が違うかもしれません。70歳までの雇用措置といいますが、これはあくまでも努力義務です。必ず70歳まで雇用をし続けないといけないわけではないのです!

つまり、社員全員を70歳まで雇い続けないといけない、ということではないわけですね。

これからの日本は、人口減少が続いていくことになっています。当然、働き手が少なくなってくるため、65歳を超えた人でも、戦力化しようとする狙いがあるのです。労働力不足という観点から、将来的に外国人雇用なども考えるべき時代になっていますね。

私の母は、55歳が定年だったとか、父も60歳定年でとっくの昔に年金暮らしですが……70歳まで働けるのがいいのかどうか。

70歳まで働きたいですか?

とんでもありません! 私、結婚退職が理想なんです。夢の専業主婦にまっしぐら! でも、年金もあまりもらえなさそうなので……働かなくてはいけないですよね。そういえば、先生は『年金博士』ってあだ名で、よくテレビに出ていますね。

よく知ってますね、年金博士! そうなんです。

それでは、年金博士！ 私の世代はちゃんと年金もらえますか？

もらえる額は確実に少なくなっていきますね。

やっぱり70歳まで働かないと……。

実は、継続雇用の仕組みは年金の支給開始年齢の引き上げと深く関係しています。昔と違って、年金は65歳にならないともらえません。60歳定年で65歳年金支給だと、みんな生活が厳しくなるため、支給が始まるまで会社で雇うように義務付けたんですね。

どうせ稼がないといけないのなら、手に職でもつけようかな。

そうですね ──。たしかに、ご自身のキャリアを考えて会社生活を送ることは大事ですよ。そうすれば60歳を過ぎても、自分がやりたい仕事に就けるかもしれません。

年金がもらえるのはすごく先ですし、人事・労務のことを、ちゃんと勉強してみようかな。どう思います？

ずいぶん調子がいいですね（苦笑）。このまま総務部で働くなら、人事・労務の国家資格「社会保険労務士」を目指してみては？

社会保険労務士に受かると、先生みたいになれますか！

私は、社会保険労務士の受験指導もやってますよ。『最短最速合格法』と言う、1回で受かる魔法の勉強法を教えましょうか。その勉強法をまとめた本はベストセラーになりました。えっへん！

はい、人事・労務の専門家を目指して、頑張ります！

正社員とパート社員等との決定的な違いはどこにありますか

●正社員とは期間の定めのない雇用契約者のこと

「正社員」とは、「①フルタイムで働き、②働く期間の定めのない」労働者とされています。この①②いずれかの要件を満たさない形で働く人が、非正規の社員ということになります（法令では、以下のように分類）。

・①を満たさず、パートタイムで働く人→短時間労働者（パート社員）
・②を満たさず、働く期間の定めのある人→有期雇用労働者

　実際にはさまざまな働き方がありますが、働く期間の定めのない労働契約（無期）であるか否かが、重要なポイントとなります。

●期間の定めがないとは、終身雇用を前提としている

　正社員は、働く期間の定めがないため、定年を迎えるか、雇用契約が解除されない限りは契約が続きます。日本型経営の特徴でもある「終身雇用」を前提としているのです。

　では、雇用契約を終了させたい（退職したい）場合はどうなるのでしょう。社員からは会社を辞める、つまり、退職ですが、民法の規定により、退職は2週間で効力が生じるため、2週間で辞められます。

　他方、会社が契約を終了（解雇）させたい場合もあります。しかし、会社は自由に解雇できるわけではありません。労働契約法第16条に「解雇は、客観的に合理的な理由を欠き、社会通念上相当であると認められない場合は、その権利を濫用したものとして、無効とする」と定められており、合理的な理由がない解雇は無効となります（196ページ参照）。

●定年とは

　期間の定めがない雇用契約でも、会社に定年の定めがあれば、定年で

第7章　●　多様化する雇用への対応について

雇用契約はいったん終了ということになります。

　定年は、60歳以上の年齢に定めなければなりません。さらに、65歳までの継続雇用が義務化されたため、特別の事情がないかぎり65歳まで雇用しなければなりません。いずれも法律で決められています。

●期間の定めがある契約はどのように終了するのか

　6か月や1年等の期間を定めて雇用契約を結んでいる場合には、契約期間の満了で、労働契約は終了となります。人手が必要な一定期間だけ雇うことができるため会社にとっては都合がいい雇い方になります。

　しかし、期間を定めた雇用契約を繰り返していると無期転換という法律上の措置により、期間の定めがない契約になります（56ページ参照）。

　また、期間の定めがある場合に、その期間の満了前に契約を終了させることは原則としてできません。お互いにこの期間は働いてもらえるという期待がありますから、損害賠償の問題が発生する場合もあります。

●待遇面などにも差が

　正社員と、パートなどの非正規雇用者は、契約期間の違いの他に労働時間や、給与面でも違いがあります。整理すると、次のようになります。

● 正社員と非正規社員の違いとは ●

	正社員	パート等
労働契約の期間	なし	あり
労働時間	長い	短い
給与	高い	低い

　これまでは、給与もパート社員等は正社員と比較して低く設定されていましたが、2021年4月から、中小企業においても、同一労働・同一賃金が適用され、不合理な格差はなくさなければいけません（49ページ以降参照）。

75

派遣社員がとてもできる人なので、直接雇いたいのですが可能でしょうか

●派遣社員を受け入れるには、さまざまな規制が

「派遣切り」という言葉に象徴されるように、派遣で働く人（派遣社員）は、不安定な立場で働くことから、さまざまな法規制があります。

例えば、派遣労働者を指名することや派遣就業の開始前に派遣先が面接を行うこと、履歴書を送付させることなどは、「紹介予定派遣」を除き原則的にできません。派遣自体が特殊な雇用形態であるため、派遣社員を派遣期間終了後に正社員として雇うことは禁止されていません。

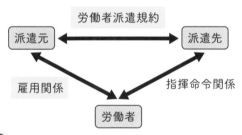

●「派遣」は特殊な雇用形態である●

労働者派遣規約

派遣元 ⟷ 派遣先

雇用関係　指揮命令関係

労働者

派遣社員は、労働契約は派遣元と結び、働く先は派遣先であって、その指示で働くという特殊な形です。

実務の知恵

紹介予定派遣がおススメです。これは、最長６か月間派遣社員として働いてもらい、気に入ったら期間満了後正社員として雇える仕組みです。履歴書などをもらい、事前面接もできます。うまく活用すると、優秀な人に巡り合えるでしょう。

●派遣の受入れ期間は原則３年

派遣社員の受入れ期間には制限があります。違反した場合は、正社員として雇ったと取り扱われる場合もあることから注意が必要です。

208

①同一の事業所で派遣を受け入れることができる期間（派遣可能期間）は、原則３年が限度

　派遣先が３年を超えて受け入れようとする場合は、派遣先の事業所の「過半数労働組合など※」から意見をきく必要があります。

※その事業所で働く人の過半数が入っている労働組合、または事業所の労働者の過半数を代表する者

同一事業所での派遣の受入れは３年が限度

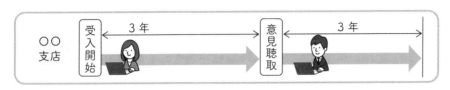

②同じ派遣社員の人を同じ部や課（同一の組織単位）で受け入れる場合は３年が限度

同じ派遣社員を同じ部署で受け入れるのも３年が限度

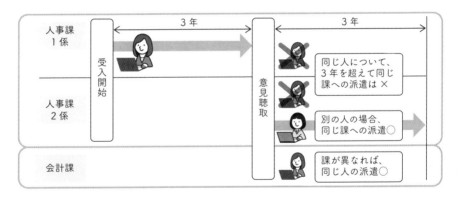

●派遣期間に制限がない労働者派遣が認められるケース

次のケースは、派遣期間に制限なく労働者派遣が認められます。

　ア　60歳以上の高齢者にかかる労働者派遣

　イ　日数限定業務（月10日以下等）への派遣

　ウ　産前産後休業、育児・介護休業等を取得する社員の業務への派遣

　エ　無期雇用派遣労働者にかかる労働者派遣

景気が悪くなってきたので、派遣契約を途中で打ち切りたいのですが…

●派遣契約は原則として途中解約できない

派遣で働く人や派遣元もその期間は仕事があると期待するわけですから、派遣契約期間の途中での解約は原則としてできません。しかし、景気の悪化などやむを得ない場合には、下記のことに配慮しつつ、解約ができるとされています。

①途中解約に関して、派遣元事業主(派遣会社です)の合意を得、かつ、相当の猶予期間をもって派遣元事業主に派遣契約の解除の申入れを行うこと

②派遣労働者の新たな就業機会の確保を図ること。これができないときは、少なくとも派遣契約の中途解除によって派遣元事業主に生じた損害の賠償などを行うこと

 コンプライアンスチェック

☑ **違法派遣のペナルティ**

派遣先が以下の4つの違法派遣を受け入れた場合、その時点で、派遣先から派遣労働者に対して、派遣元事業主との労働条件と同一の労働条件を内容とする労働契約が申し込まれたものとみなされます。

そして、派遣労働者が承諾をした時点で労働契約が成立します。

1　労働者派遣の禁止業務に従事させた場合

2　無許可の事業主から労働者派遣を受け入れた場合

3　事業所単位または個人単位の期間制限に違反して労働者派遣を受け入れた場合(3年を超えるようなケースです)

4　いわゆる偽装請負の場合

用語解説 ➡ 派遣禁止業務

　港湾運送業務、建設業務、警備業務、病院等における医療関連業務（紹介予定派遣等の場合は例外）は、派遣が禁止されています。

●「同一労働・同一賃金」にも配慮すべき

　2020年4月から、派遣労働者についても、同一労働・同一賃金の実現に向けた法改正が行われ、派遣会社（派遣元）が、次のいずれかの方式により派遣労働者の待遇を確保することが義務化されています。

①派遣先均等・均衡方式

　派遣先の通常の社員との均等・均衡待遇を図る

②労使協定方式（一部の待遇については対象外）

　一定の要件を満たす労使協定による待遇を確保

　これに伴い、派遣社員を受け入れる会社（派遣先）は、自社の社員の待遇に関する一定の情報を、派遣会社に提供することとされました。

　その他、派遣社員を受け入れる際のポイントは下記のとおりです。

派遣社員を受け入れる際に会社が注意すべきポイント

☑ 離職後1年以内の労働者の受入禁止
直接雇用していた労働者（社員・アルバイトなど）を、離職後1年以内に派遣会社（派遣元）から派遣労働者として受け入れることはできません。
☑ 社会・労働保険の適用の確認
受け入れる派遣労働者について、社会・労働保険の加入が適切に行われていることを確認することが必要です。
☑ 派遣労働者からの苦情の処理
派遣労働者からの苦情の処理体制を整備しなければなりません。
☑ 派遣先責任者の選任、派遣先管理台帳の作成
受入事業所ごとに、派遣先責任者を選任し、派遣先管理台帳を作成。
☑ 労働者の募集情報の提供
正社員を募集する場合には、その事業所で継続して1年以上受け入れている派遣労働者がいれば、その人にも正社員の募集情報を知らせる等。

77 高齢者雇用

「70歳まで社員を雇わなければならない」と聞きましたが、本当ですか

●定年延長は社会の要請

従来、定年は60歳とされてきましたが、年々、企業に求められるハードルは高くなっています。

①60歳未満の定年禁止

事業主が定年を定める場合は、その定年年齢は60歳以上としなければなりません。

②65歳までの継続雇用義務

企業は、下記のいずれかを導入する必要があります。

ア　65歳までの定年引き上げ

イ　定年制の廃止

ウ　65歳までの継続雇用制度（再雇用制度・勤務延長制度等）を導入

なお、継続雇用制度の適用者は原則として「希望者全員」です。

● 70歳まで就業機会を確保しなければならない？

さらに企業には、2021年4月から次ページの図のように、5つの項目に関してさらなる定年延長に向けた努力規定が課せられています。

65歳までの継続雇用義務とは異なり、65〜70歳までの「就業機会」として、ボランティアに参加することや個人事業主として契約するなど、従来の正社員としての雇用以外にも、多様な選択肢を用意してほしい、という内容です。

今のところ、「70歳までの就業確保措置」は努力義務となっていますが、いずれ年金受給開始年齢の引き上げ(67歳支給や最悪70歳支給開始)が実現されれば、努力義務の努力が取れて、義務化されることも十分予想されます。

以下の（1）～（5）のいずれかの措置（高年齢者就業確保措置）を講ずるよう努める必要があります（努力義務）。

●高年齢者就業確保措置
（新設・70歳まで・努力義務）

創業支援措置（雇用によらない措置）
過半数労働組合等の同意を得て導入

（1）70歳までの定年引き上げ

（2）定年廃止

（3）70歳までの継続雇用制度の導入
（特殊関係事業主に加えて、他の事業主によるものを含む）

（4）高年齢者が希望するときは、70歳まで継続的に業務委託契約を締結する制度の導入

（5）高年齢者が希望するときは、70歳まで継続的に以下の事業に従事できる制度の導入
　　a. 事業主が自ら実施する社会貢献事業
　　b. 事業主が委託、出資（資金提供）等する団体が行う社会貢献事業

 実務の知恵

　継続雇用制度の導入や、定年の延長もしくは廃止に関しては、助成金が用意されることが多いのが通例です。こうした助成金を活用しながら会社の制度を整えていくことも重要です。

 用語解説 ➡ 再雇用制度と勤務延長制度

　再雇用は、定年で区切りをつけて、その後有期契約で働くケースです。
　定年時に退職金が支払われ、再雇用後の仕事内容や時間などは個別に定めるのが一般的です。
　勤務延長は、「定年後も正社員のまま仕事を続けること」で、実質的な定年の延長です。従来の勤務の延長ですから、役職や仕事内容、賃金水準などは大きく変わりません。退職金は延長期間満了時に支払われます。

　　継続雇用と年金支給開始年齢の引き上げは、今後、わが国の大きな課題になってきます。

　　日本は人口減少社会に突入し、少子高齢化が進んでいます。今後の労働力不足は深刻な状況です。国立社会保障・人口問題研究所（2020年推計）では、生産年齢人口（15〜64歳）は2045年に5832万人と2020年と比べ1677万人も減少する一方、65歳以上の高齢化率は36.3％まで上昇すると推計しています。

　　年金の支給開始年齢の原則は65歳ですが、2022年4月から60〜75歳（現行は70歳）までの選択制として拡大されました。将来的には、年金の支給開始年齢自体が引き上げられることが予想されるため、企業には継続雇用制度を導入・整備することが期待されているのです。

78 外国人の雇用を検討していますが、留意点を教えてください

●日本で働ける外国人の類型（パターン）を知っておこう

技能実習生を「奴隷」のように扱ったがゆえの失踪事件など、たびたびメディアで話題になるのが外国人雇用にまつわる問題です。

ここではまず、外国籍の人が日本で働く場合の、主な類型（パターン）について確認しましょう。

①高度人材（「専門的・技術的分野の在留資格」約60万人）

大学の教授や研究者、経営のスペシャリストなどの「高度人材」と呼ばれる外国人は、概ね5年以内の活動が許可されており、更新も可能。高度人材の具体的な内容は決められており、「学歴」「職歴」「年収」「年齢」「その他賞与」の観点から点数化し、一定以上のポイントに達した外国籍人材は「高度専門職」のビザを取得し働くことができます。

優秀な外国人を雇用し、会社の発展に活かすという意味で最適の仕組みです。

②身分に基づき在留する者（約62万人）

主に日系人の定住者、永住者、日本人の配偶者等のこと。外国籍であっても、働く際の制限はありません。

③資格外活動（留学生のアルバイト等、約35万人）

本来の在留資格の活動に支障が出ない範囲（1週28時間以内等）で「報酬を受ける活動が許可」されます。アルバイトが本業になる等は違反行為になります。

④技能実習（約41万人）

技能移転を通じた開発途上国への国際協力を目的とした仕組みに基づいて働く外国人のことを指します。

著者からひと言

　　EPAに基づく外国人看護師・介護福祉士、ワーキングホリデー制度の利用者等は「特定活動」の在留資格で許可を受け日本に来ています。その数は7万2000人といわれており、許可の内容により報酬を受ける活動、つまり、日本での就労が可能かどうか決まります。

　ちなみに、EPAとは貿易の自由化に加え、投資、人の移動、知的財産の保護や競争政策におけるルール作り、さまざまな分野での協力の要素等を含む、幅広い経済関係の強化を目的とする協定のことです。

●技能実習制度・特定技能制度

　これは「技能実習」の在留資格により、日本に在留する外国人が報酬を伴う実習を行う制度です。多くは、商工会議所など営利を目的としない監理団体経由で受け入れることになります。

　入国後1年目の技能等を修得する活動と、2・3年目の修得した技能等に習熟するための活動とに分けられています。

　2019年には、新しい在留資格「特定技能」が設けられました。これを受け、人手不足が深刻であると認められた14の分野（介護・ビルクリーニング・農業・外食業等）で、労働力の確保という点から、外国人労働者の受入れが可能となりました。

「特定技能」は1号と2号に分けられる

種類	内容	就労可能
特定技能1号	「技能試験」及び「日本語試験」に合格するか、技能実習2号を良好に修了	5年間
特定技能2号	「特定技能1号」修了者が移行できる。「建設」と「造船・船舶工業」の2分野※	更新が無制限

※2024年3月現在の制度であり、変更される可能性もあります。

著者からひと言

　技能実習制度を廃止し、これに代えて「育成就労制度」を創設することとする改正法案が、2024年の通常国会において成立する見込みです。技能実習制度は、技術移転を通じた国際貢献が目的であり、技能実習修了後、実習生は原則帰国することになっていました。しかし、育成就労制度は、人材を育成することが目的であり、育成就労修了後は特定技能1号ビザに切り替えることを原則としています。動向に注目です。

●外国人雇用状況の届出等に関する会社の義務

①外国人雇用状況の届出

　外国人を雇用する事業主には、外国人労働者の雇入れ及び離職の際に、その氏名、在留資格などについて、ハローワークへ届け出ることが義務づけられています。

　具体的には、外国人労働者の在留カードまたは旅券（パスポート）などの提示を求め、届け出る事項を確認する必要があります。留学生が行うアルバイトも届出の対象となります。届出に当たっては、資格外活動許可を受けていることも確認してください。

②雇用労務責任者

　常時10人以上の外国人を雇用する会社では、外国人労働者の雇用管理業務を担当する人事課長等を選任してください。専任者でなく、兼任としても差し支えありません。

●外国人を雇用した場合の社会保険に関する注意点

①社会保障協定

　海外で雇用されている人が日本に5年以内の期間を見込んで派遣される場合、派遣元の国によっては社会保障協定により日本の社会保険の加入が免除される場合があります。年金事務所にそうしたケースに該当するか確認したうえで手続きを行いましょう。

②脱退一時金

外国人が退職して帰国する場合、一定の条件を満たせば脱退一時金が受給できます。納付した保険料の一定割合が一時金として支給されますが、一時金として受給した期間は将来の年金受給の対象とはなりませんので注意が必要です。

いずれにせよ、外国人雇用には細心の注意が必要です。信頼できる受入れ機関などの協力を仰いで、トラブルが生じないようにしましょう。

●外国人を雇用した場合の源泉徴収などの税務

居住者であるか非居住者であるかで、源泉徴収の取扱いが異なります。

● 外国人労働者と所得税について ●

区分	定義	課税の範囲
A　居住者	国内に「住所」を有し、または、現在まで引き続き1年以上「居所」を有する個人	国内で生じた所得 国外で生じた所得
B　非居住者	「居住者」以外	国内で生じた所得

A　居住者

日本人と同様に源泉徴収し年末調整を行います。国外での所得も課税対象となります。

B　非居住者

国内の所得のみに課税され税率は20.42%。年末調整は行いません。

退職に伴い外国人が本国などへ出国する場合は、源泉徴収の取扱いに注意が必要です。

例えば、最終給与での源泉徴収は、出国日が給与支給日の前か後かで税務上の取扱いが異なったり、年末調整が必要であったり、といくつか確認するポイントがあります。

これ以外にも、外国人雇用の税務はさまざまなケースがあります。外国人雇用の税務に詳しい税理士等に相談しながらミスがないように注意しましょう。

障がい者雇用を義務付けられる会社の規模が変わったらしいですね…

● 40人以上社員等がいる会社には障がい者雇用の義務が

　社員等が一定数以上の会社は、社員等に占める身体障がい者・知的障がい者・精神障がい者の割合を「法定雇用率」以上にする義務があります。

　2024年4月1日から法定雇用率が2.5％に引き上がりました。このため、対象となる会社の人数の条件が40人以上社員等を雇う会社となり、障がい者の雇用義務が生じることになります。なお、その人数の条件は、2026年7月からは37.5人以上とされます（同月から法定雇用率が2.7％とされるため）。「37.5人」とは、少し変ですね。雇用率の計算において会社の規模（社員数）を判断する際には、パート社員など短時間労働者は1人当たり0.5人としてカウントするため、このような端数が生じます。

🔍 事例研究

①障がい者を1人でも雇入れが必要になる会社の社員数は

　例えば、正社員が38人、パート社員が4人の会社は、38＋（4人×0.5）＝40人となります。自社で雇うべき障がい者の数は、40×2.5％＝1、となるので、1人となります。この40人が、障がい者雇用が必要になる社員数の「下限」と言えます。

②何名の障がい者を雇う必要があるのか

　例えば、8時間勤務の正社員が100人、週20～30時間勤務のパート社員が30人いる場合、自社で雇うべき障がい者の数は、（100＋30×0.5）×2.5％＝2.875、小数点以下の端数は切り捨てとなるので、2人となります。

●障がいの程度や等級に応じて算定方法が変わります

　では、会社が障がい者の方を雇い入れた場合、その数をどのように算

定するのか。これにも次のようなルールがあります。

　まず、すぐ下の図表の区分により、ダブルカウントなどの仕組みが設けられています。例えば、重度障がい者の方を1人、週30時間以上で雇うと、2人雇ったことになります。

　また、一番下の図表にある一定の障がい等級に該当する人でも、市区町村等に申請して手帳の交付を受けていない場合は、障害者雇用率制度が定める「障害者」とはみなされませんので、注意が必要です。

　障がい者雇用に関しては、国も積極的に指導などを行います。法定雇用数に不足していたり、1人も障がい者を雇用していなかったりした場合、ハローワークから「障害者の雇入れ計画」の作成命令が出されることになり、最悪のケースでは企業名が公表されます。

雇用した障がい者の方の算定方法は障がいの程度によって変わる

障がい者の区分 ＼ 週の労働期間	30 時間以上	20 時間以上 30 時間未満	10 時間以上 20 時間未満
身体障がい者	1	0.5	0
重度身体障がい者	2	1	0.5
知的障がい者	1	0.5	0
重度知的障がい者	2	1	0.5
精神障がい者	1	0.5（当分の間は1）	0.5

障がい者の区分についても知っておこう

	身体障がい者	知的障がい者	精神障がい者
内容	身体障害者福祉法による「身体障害者手帳」を所持している人。障がいの程度により等級が1〜7級	都道府県知事が発行する「療育手帳」を所持している人。障がいの程度によりA「最重度」「重度」、B「中度」、C「軽度」に区分	精神保健福祉法による「精神障害者保健福祉手帳」を所持している人。障がいの程度により等級が1〜3級
重度	身体障害者手帳の等級が1級・2級の人	療育手帳の区分がAの人	

障がい者を雇用する際に、会社が注意すべきポイントを教えてください

●障がい者雇用ではさまざまな配慮が必要になる

①障害者雇用状況報告

障がい者の雇用義務がある会社は、毎年6月1日現在の障がい者雇用に関する状況を「障害者雇用状況報告書」に記載し、ハローワークに報告する義務があります。

雇用義務が果たせていない場合、ハローワークの雇用指導官等から指導を受けることがあります。指導内容としては、雇入れ計画の作成命令や、罰則である社名公表を前提とした特別指導等があります。

②障がい者雇用推進者

障がい者雇用推進者とは、会社における障がい者雇用に係る国との連絡窓口となり、ハローワーク等への各種届出も担当します。障がい者の雇用義務がある会社は、設置する努力義務があります。

③障害者解雇届

障がい者を解雇しようとする場合は、「障害者解雇届」によって、その旨を速やかにハローワークに届け出なければなりません。通常の労働者とは取扱いが違いますので、気をつけてください。

●障がい者雇用で会社が守らなくてはならないルール

①障がい者に対する差別の禁止

事業主は、募集・採用において、障がい者に対して障がい者でない者と均等な機会を与えるほか、待遇等に関して差別的取扱いが禁止されます。

②障がい者に対する合理的配慮

施設をバリアフリーにするなどの整備、援助者の配置などの必要な措置を講じる必要があります。

③納付金制度

　法定雇用率を達成できない会社のうち、常用労働者100人超の会社（下の用語解説参照）は、障害者雇用納付金が徴収されます。これは法定雇用率を下回った場合に徴収されるもので、1人当たり月額50,000円を申告と同時に納付します。逆に、法定雇用率を上回った場合には、障害者雇用調整金として、1人当たり月額29,000円（一定の場合には、金額の調整が行われます）が支給されます。

 用語解説 ➡ 常用労働者100人超の会社

　年度内で常用労働者数が100人を超える月が5か月以上ある会社です。この規模の会社は、法定雇用率を達成しているかどうかにかかわらず、障害者雇用納付金の申告を行う義務があります。
　ちなみに常用労働者とは、1年以上継続して雇用される者（見込みを含む）のうち、1週間の所定労働時間が20時間以上の者を指します。正社員の他、契約社員、パート労働者等も含みます。

 用語解説 ➡ 特例子会社

　障がい者の雇用に特別の配慮をした子会社を設立し、一定の要件を満たす場合に、その子会社に雇用されている障がい者を親会社に雇用されているものとみなして、実雇用率を算定できる仕組みを指します。

● 高年齢者・障害者雇用状況報告書

　毎年6月1日現在の「高年齢者の雇用に関する状況（高年齢者雇用状況報告）」および「障害者の雇用に関する状況（障害者雇用状況報告）」を「高年齢者・障害者雇用状況報告書」で報告することが義務付けられています。

特別な読者プレゼント！

本書の著者・北村庄吾の無料動画

『人事・労務の超基本』 番外編
が視聴できる。

【主なテーマ】

- 振替休日と代休
- 試用期間
- 退職（辞職）

などについて、本書では未公開の
事例を織り交ぜて

"おもしろわかりやすく"

解説します。

今すぐ、こちらにアクセス！ ➡

本特典に関するお問い合わせは、ブレイン社会保険労務士法人まで
info@brainsr.com

【著者紹介】

北村 庄吾 (きたむら・しょうご)

◉——1961年熊本生まれ。中央大学法学部卒。社会保険労務士・行政書士・ファイナンシャルプランナー。「人事・労務のプロフェッショナル」「年金博士」など、さまざまな顔を持つ。

◉——大学卒業後、社労士試験向けの講師として人気を博し、受験対策本『最短最速合格法』シリーズがベストセラーに。2000年にブレインコンサルティングオフィスを設立。4000を超える社労士事務所を組織化し、法改正を中心とした人事・労務情報を提供。人事労務支援専門の会員制サイト「かいけつ！ 人事労務」を開設し、企業の人事・総務担当者から好評を得る。2020年に同社を離れ、現在は、ブレイン社会保険労務士法人の代表として活躍中。

◉——メディア出演も多く、週刊ポストに「年金博士」としてたびたび登場。監修した同誌増刊「年金シリーズ」は数十万部の大ヒットとなった。テレビ出演は100回を超え、著書は100冊、累計部数も100万部を超える（監修書含む）。評論家・講師としても活動しており、登壇回数は1000回を超える。年金・医療保険などの社会保険制度や働き方改革などのテーマを得意としている。

◉——著書に『やさしくわかる給与計算と社会保険事務のしごと』（日本実業出版社）、『社労士試験 最短最速！ 非常識合格法』（すばる舎）、『制度を知って賢く生きる 人生を左右するお金のカベ』（日本経済新聞出版版）などがある。

★著者が運営する「週刊人事労務チャンネル」
　https://www.youtube.com/c/jinjiromu/featured

校正協力：奥田章博　富山節子　山出良子　山岡正和　鷲尾清美　伊藤紀代美

意外とわかっていない人のための人事・労務の超基本

| 2021年5月17日 | 第1刷発行 |
| 2024年6月28日 | 第5刷発行 |

著　者——北村　庄吾
発行者——齊藤　龍男
発行所——株式会社かんき出版
　　　　　東京都千代田区麹町4-1-4 西脇ビル　〒102-0083
　　　　　電話　営業部：03(3262)8011㈹　編集部：03(3262)8012㈹
　　　　　FAX　03(3234)4421　　　　　　振替　00100-2-62304
　　　　　https://kanki-pub.co.jp/
印刷所——新津印刷株式会社